GRÉCIA E ROMA

COLEÇÃO HISTÓRIA NA UNIVERSIDADE
Coordenação Jaime Pinsky e Carla Bassanezi Pinsky

ESTADOS UNIDOS *Vitor Izecksohn*
GRÉCIA E ROMA *Pedro Paulo Funari*
HISTÓRIA ANTIGA *Norberto Luiz Guarinello*
HISTÓRIA CONTEMPORÂNEA *Luís Edmundo Moraes*
HISTÓRIA CONTEMPORÂNEA 2 *Marcos Napolitano*
HISTÓRIA DA ÁFRICA *José Rivair Macedo*
HISTÓRIA DA AMÉRICA LATINA *Maria Ligia Prado* e *Gabriela Pellegrino*
HISTÓRIA DA ÁSIA *Fernando Pureza*
HISTÓRIA DO BRASIL COLÔNIA *Laima Mesgravis*
HISTÓRIA DO BRASIL CONTEMPORÂNEO *Carlos Fico*
HISTÓRIA DO BRASIL IMPÉRIO *Miriam Dolhnikoff*
HISTÓRIA DO BRASIL REPÚBLICA *Marcos Napolitano*
HISTÓRIA MEDIEVAL *Marcelo Cândido da Silva*
HISTÓRIA MODERNA *Paulo Miceli*
PRÁTICAS DE PESQUISA EM HISTÓRIA *Tania Regina de Luca*

Conselho da Coleção
Marcos Napolitano
Maria Ligia Prado
Pedro Paulo Funari

Proibida a reprodução total ou parcial em qualquer mídia
sem a autorização escrita da editora.
Os infratores estão sujeitos às penas da lei.

A Editora não é responsável pelo conteúdo deste livro.
O Autor conhece os fatos narrados, pelos quais é responsável,
assim como se responsabiliza pelos juízos emitidos.

Consulte nosso catálogo completo e últimos lançamentos em **www.editoracontexto.com.br**.

Pedro Paulo Funari

GRÉCIA E ROMA

Coleção
HISTÓRIA
NA UNIVERSIDADE

Copyright © 2018 do Autor

Todos os direitos desta edição reservados à
Editora Contexto (Editora Pinsky Ltda.)

Foto de capa
Jaime Pinsky

Montagem de capa e diagramação
Gustavo S. Vilas Boas

Coordenação de textos
Carla Bassanezi Pinsky

Revisão
Ana Paula Luccisano

Dados Internacionais de Catalogação na Publicação (CIP)
Andreia de Almeida CRB-8/7889

Funari, Pedro Paulo.
Grécia e Roma / Pedro Paulo Funari. – 6. ed., 6ª reimpressão. –
São Paulo : Contexto, 2023.

Bibliografia
ISBN 978-85-520-0032-7

1. Grécia – História 2. Roma – História
3. Império Bizantino – História 4. História antiga.
I. Título. II. Série.

17-1772   CDD-930

Índice para catálogo sistemático:
1. História antiga – Grécia – Roma

2023

EDITORA CONTEXTO
Diretor editorial: *Jaime Pinsky*

Rua Dr. José Elias, 520 – Alto da Lapa
05083-030 – São Paulo – SP
PABX: (11) 3832 5838
contato@editoracontexto.com.br
www.editoracontexto.com.br

Para José Remesal

Sumário

Introdução 9

Grécia 13

As primeiras civilizações da Grécia antiga 13

Das ruínas de Micenas a uma nova civilização 20

A civilização grega "propriamente dita": séculos VIII-VI a.C. 25

A vida na Grécia antiga 45

A religião e seus mitos 60

O pensamento racional 65

A arte grega 74

Das cidades-Estados gregas aos impérios helenísticos 80

Roma 85

   A Roma antiga: cidade e Estado 85

   Como conhecer o mundo romano? 86

   As origens: lendas e história 88

   A República 91

   A expansão romana 94

   A sociedade romana 104

   A vida cotidiana 122

   A religião 127

   A "cidade romana" 129

   A cultura 132

   Transformações no mundo romano 139

   A Antiguidade tardia 145

Sugestões de leitura 149

Linha do tempo 151

Agradecimentos 155

Introdução

Estamos imersos nas referências à cultura clássica, da Grécia e de Roma antigas, mesmo sem nos darmos conta. Um exemplo simples: palavras e expressões como mito, labirinto, república, democracia, senado, Édipo, Vênus, sorte lançada, entre muitas outras que fazem parte de nosso cotidiano, são heranças dos antigos gregos ou romanos. Determinados costumes, tradições e maneiras de pensar que norteiam nossas vidas hoje também se originam da Antiguidade Clássica. Não há estudante de Matemática que passe sem o teorema de Pitágoras. Não há filósofo que não conheça Platão e Aristóteles. O Juramento de Hipócrates tradicionalmente faz parte da solenidade de formatura dos médicos que prometem praticar a medicina honestamente. Muitos elementos da cultura pop – filmes, *games*, animações, romances históricos – bebem nas fon-

10 GRÉCIA E ROMA

tes antigas, falam de gladiadores, imperadores romanos, deusas gregas, musas, César, Cleópatra, Cupido... e fazem grande sucesso porque continuam interessantes nos dias de hoje. Museus e exposições dedicados ao tema ao redor do mundo seguem atraindo filas de visitantes. E quem não admira os Jogos Olímpicos? Este livro leva o leitor a conhecer melhor esses povos antigos que tanta influência tiveram, e ainda têm, na civilização ocidental. Ele também quer ser um estímulo para que o leitor possa ir além e pesquise outras obras sobre o fascinante mundo dos gregos e romanos.

Assim, optei por uma sequência histórica clara e por tratar de aspectos essenciais e recorrentes a respeito da Antiguidade Greco-Romana, dando destaque aos elementos que permanecem importantes para nós, hoje em dia. Aqui, apresento a trajetória das civilizações helênicas mais antigas e seu contato com o Oriente, o período obscuro, o auge clássico, o helenismo na encruzilhada de três continentes: Europa, Ásia e África. Em seguida, falo de Roma desde as origens, a República, sua crise e guerras civis, o Império, ascensão do cristianismo e o surgimento de uma nova era, a Antiguidade Tardia. Acompanhando a narrativa histórica, lembro alguns dos grandes tesouros culturais da arquitetura, da mitologia, da religiosidade, da literatura, do direito, sem me esquecer da vida cotidiana, dos saberes e dos sentimentos de nossos antepassados. Procuro também mostrar, neste livro, aspectos e temas que estiveram por um bom tempo fora da tradição historiográfica relativa ao mundo antigo, como é o caso das mulheres ou dos humildes.

A cultura clássica antiga ainda está conosco por diversos motivos, dentre eles por ter sido revisitada e recriada, de tempos em tempos, ao longo da história. Assim, não é exagero dizer que não podemos compreender bem os períodos posteriores sem ter pelo menos uma noção do que foi a Antiguidade Clássica. A Idade Média (séculos V-XV) e o início da Era Moderna testemunharam grandes momentos de muito interesse pela cultura antiga, chamados de "renascimento". O primeiro foi na época de Carlos Magno (747-814), quando autores latinos foram muito lidos e copiados, inspirando fortemente a produção literária da época carolíngia. De fato, a maior parte dos textos latinos que chegaram até nós foi copiada nessa época. No século XII, auge do medievo, houve novo retorno aos antigos, dessa vez com os aportes da literatura grega, seja de forma direta (vinda de Bizâncio), seja por meio da leitura das traduções árabes de autores gregos antigos. O Renascimento dos séculos XIV a XVII foi, contudo, o momento de retomada cultural mais ampla dos antigos, a partir de uma abertura maior para a literatura politeísta e para as artes greco-latinas, produzindo criações literárias e artísticas com vínculos diretos com a Antiguidade Clássica. De Michelangelo a Shakespeare, do rio das amazonas (guerreiras da mitologia clássica) à literatura do padre Vieira, há uma grande proximidade com o mundo greco-romano.

Além desses períodos de retomada explícita do mundo antigo, há na História muitas releituras e interpretações posteriores; algumas seguem marcantes em pleno século XXI. O mais íntimo do ser humano – seus sentimentos, desejos e frustrações – tem sido pensado à luz da tragédia grega, da literatura erótica latina e grega, das artes antigas e de suas representações. A obra de Freud é um caso bem conhecido, mas muitos outros pensadores influentes também beberam nas fontes clássicas. Karl Marx se doutorou com uma tese sobre Demócrito e usou muito de seu conhecimento sobre gregos e romanos para pensar sobre questões sociais. Movimentos proletários do passado se inspiraram na revolta de Espártaco. No campo da ciência, Epicuro está na base da teoria da Física Quântica!

Pensando no contexto brasileiro, vemos que, por exemplo, a religiosidade marcada por variadas manifestações de fé tem forte relação com a Antiguidade. O cristianismo, em quaisquer de suas denominações, remete ao Mediterrâneo antigo, em particular aos pensamentos paradigmáticos de São Paulo e Santo Agostinho, ambos os personagens devedores da cultura greco-romana, sem a qual não teriam desenvolvido suas ideias. Já o sincretismo bem brasileiro entre a religiosidade cristã e os influxos indígenas e africanos pode ser mais bem compreendido à luz do conhecimento da mescla cultural que prosperou no mundo helenístico e romano (e que deu origem ao próprio cristianismo, também resultado de mistura).

Estudiosos que procuraram pensar o Brasil e os brasileiros, como Raymundo Faoro e Darcy Ribeiro, demonstraram, de um modo ou de outro, que nossa vida social também está imbuída de conceitos e valores ancorados na Antiguidade. O grande historiador Sérgio Buarque de Holanda, por exemplo, cunhou a expressão "homem cordial", aquele que baseia suas relações nos afetos do coração, para destacar que nossos relacionamentos pessoais são marcados, tanto na vida privada como na pública, pelo nexo familiar e pelos laços de compadrio. Esse tipo de questão aparece neste livro.

O primeiro objetivo da obra consiste em tornar mais conhecido o que sentimos sem muitas vezes perceber: a presença da cultura greco-romana na atualidade, no mundo e no Brasil. Mas um segundo objetivo, igualmente importante, é destacar justamente as diferenças entre presente e passado. O fascínio da História está não só em nos encontrarmos em outros tempos e lugares, mas também em, no contato com o distinto, com o que nos causa estranheza, admiração ou ojeriza, recordarmos que somos humanos, com uma imensa variedade de comportamentos e costumes. Por isso mesmo procurei mostrar, nas páginas que se seguem, também aquilo que chama a atenção pelo inusitado ou curioso.

Semelhanças e diferenças nos levam a compreender melhor nossa própria humanidade. Os antigos nos servem como advertência: somos humanos, porque somos diferentes. Outras espécies de animais comportam-se mais ou menos da mesma maneira, sem grande diferença no tempo ou no espaço. Os humanos são filhos da cultura e não podem ser desvencilhados dela. Cada uma tem sua riqueza e nos ensina que não há comportamentos naturais, mas aqueles que dependem sempre de uma cultura específica, desenvolvida em circunstâncias temporais e espaciais determinadas. Este livro é, pois, um convite, leitor, para que você se aprofunde e se encante pela Antiguidade grega e romana.

*

Procurei dar conta nesta obra do grande crescimento da produção brasileira sobre o mundo clássico, ainda que de maneira muito parcial. A publicação de traduções de autores gregos e latinos aumentou muito nos últimos anos e, hoje, já podemos ler muitos dos principais clássicos em português. A formação de estudiosos expandiu-se, de modo que há toda uma literatura especializada que tem sido publicada em livros e revistas, tanto no Brasil, como no estrangeiro. Tentei dar mostra dessa riqueza de produção com a inclusão de títulos de livros publicados por brasileiros. Isso demonstra a maturidade da pesquisa no Brasil e permite ao leitor aprofundar-se nos mais variados aspectos da História Antiga, pelas mãos dos nossos próprios concidadãos. São muitas as obras interessantes e dei apenas um gostinho disso; em cada uma delas há muitas dicas mais.

Grécia

AS PRIMEIRAS CIVILIZAÇÕES DA GRÉCIA ANTIGA

"Grécia" nos faz pensar em um país atual, no Mediterrâneo oriental. Mas não era essa a definição de Grécia dada pelos próprios gregos na Antiguidade. Para eles, gregos eram aqueles que falavam a língua grega; onde quer que houvesse gregos, ali estava a Grécia.

A península balcânica constituiu-se o centro original da civilização grega. Essa região é delimitada, por um lado, pelo mar Mediterrâneo e, por outro, pela alternância de montanhas rochosas e despenhadeiros, além de alguns vales férteis para a agricultura. A pobreza de boa parte do solo e as condições físicas desfavoráveis, como relevo acidentado, invernos e verões rigorosos, períodos longos de seca, incentivavam os deslocamentos populacionais e, portanto, a expansão grega por outras terras.

A Grécia antiga era composta basicamente por quatro áreas distintas:

- A Grécia Peninsular (ou região do *Peloponeso*) ficava ao sul do continente, ligada à parte central por um pequeno istmo.
- A Grécia Continental inicialmente abarcava a região da *Ática*; com o tempo, incluiria regiões mais ao norte do continente, como a *Macedônia*. Devido à profusão de montanhas, a comunicação entre os habitantes de regiões distintas era difícil, possível apenas pelo mar ou por estreitas passagens no relevo acidentado. A *Ática* e a região norte continental, por exemplo, eram separadas por uma cordilheira; o acesso se dava pelo desfiladeiro das Termópilas.
- A Grécia Insular, como o próprio nome diz, abarcava diversas ilhas, a maioria delas localizadas no mar Egeu. Algumas imensas, como Creta, outras pouco menores, como Rodes e Lesbos, e algumas – a maior parte – muito pequenas.
- A Grécia Oriental localizava-se do lado oriental do mar Egeu (na atual Turquia); era lá que ficava, por exemplo, a região da *Jônia*.
- Com o tempo, os gregos fundaram colônias na Sicília e na Itália, formando a chamada "Magna Grécia". Também, aos poucos, ocuparam todo o Mediterrâneo ocidental, instalando colônias, por exemplo, em Marselha (na atual França) e em Emporia (na atual Espanha).

A Grécia antiga

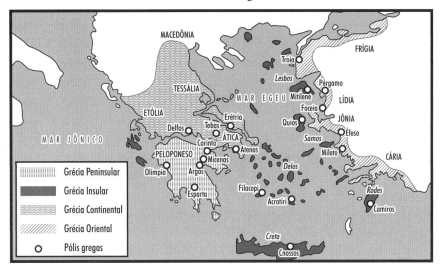

Tudo isso, em diferentes momentos da história, fez parte do que ficou conhecido como Grécia.

Antes da chegada dos gregos ao solo do que se denominaria Hélade ou Grécia (entre o sul do Peloponeso e o monte Olimpo), a região era habitada por outros povos. Estabelecimentos neolíticos existiam desde 4500 a.C., fundados por populações originárias ou influenciadas pelo Oriente Próximo asiático que foram evoluindo e, entre 3000-2600 a.C., já constituíam organizações monárquicas e desenvolviam, por meio de instrumentos primitivos, uma economia agrícola e pastoril. A invasão de povos vindos da Anatólia trouxe novas técnicas à região (início da Idade do Bronze), assim como conhecimentos adquiridos em contatos anteriores com outros povos, em especial orientais: continuou-se a prática pastoril e agrícola, agora com a utilização do arado, e o comércio no Mediterrâneo oriental ampliou-se. Entre os anatólios, predominava a organização monárquica forte em reinos independentes, com a existência de palácios em algumas cidades mais importantes. Entretanto, no fim do segundo milênio, entre 2000 e 1950 a.C., a civilização anatólica da Hélade entrou em declínio devido à chegada de povos que falavam um grego primitivo, aparecendo, pela primeira vez, os gregos na história daquela região.

16 GRÉCIA E ROMA

Creta – uma ilha ocupada pela civilização anatólica – não foi, inicialmente, tomada pelos gregos. A civilização cretense originara-se no final do terceiro milênio antes de Cristo e, em 1800 a.C., já havia construído grandes palácios com depósitos monumentais de alimentos e arquivos contábeis. Os cretenses mantinham muitos contatos com o Egito faraônico, o que foi importante para a difusão da cultura egípcia no Mediterrâneo oriental. A escrita cretense, hieroglífica, compunha-se de sinais que marcavam sílabas, mas a língua usada pelos cretenses ainda não foi decifrada pelos pesquisadores até hoje, o que deixa muitas perguntas no ar. Sabe-se que a principal cidade de Creta, Cnossos, era um centro administrativo monumental. Creta foi a diretriz da região da Grécia na Idade do Bronze. Em meados do segundo milênio, a ilha conheceu o apogeu da chamada "talassocracia minoense", ou seja, o poder marítimo de Creta influenciava toda a região.

Admirados com a imponência dos palácios cretenses, os gregos criaram a narrativa do Minotauro e do Labirinto. Segundo essa lenda, o rei Minos, de Creta, em vingança pela morte de seu filho Andrógeos na Ática, começou a exigir como tributo sete meninos e sete meninas atenienses, que eram oferecidos, de tempos em tempos, ao Minotauro, uma criatura assustadora, meio homem, meio touro, que os devorava. A fera vivia no Labirinto, um local cheio de aposentos e caminhos (tal como os imensos palácios de Cnossos), até que Teseu, um personagem

Estatueta do século XVI a.C. em marfim e ouro, representando uma deusa ou uma sacerdotisa, encontrada na ilha de Creta.

GRÉCIA **17**

heroico grego, a matou, encontrando depois o caminho de saída – o que ninguém ainda havia conseguido fazer – graças à estratégia de amarrar a ponta de um novelo na porta de entrada e ir desenrolando conforme caminhava, para, assim, saber como voltar. Essa famosa lenda demonstra, entre outras coisas, o quanto a civilização cretense impressionou os antigos gregos.

Em Creta e em outras ilhas do mar Egeu, as cidades sofreram destruições em meados do século XV a.C., sem que se saiba exatamente o que se passou. Por muito tempo, os estudiosos da Grécia consideraram que as primeiras civilizações gregas nada deviam ao Oriente. Hoje, essa afirmação é muito questionada, pois constatou-se que muitíssimo da cultura grega veio das civilizações orientais. As escritas de lá vieram, assim como certas divindades e costumes. Já na própria Antiguidade, Heródoto, o "Pai da História", dizia isso, mas só recentemente suas ideias foram revalorizadas pelos estudiosos. A razão disso, veremos mais adiante.

Os mais antigos antepassados dos gregos só chegaram à região da Grécia no final do terceiro milênio a.C. e logo se dirigiram para as ilhas do mar Egeu. Esses imigrantes falavam uma língua indo-europeia, antepassada direta do grego que conhecemos pela escrita e que passaram a utilizar posteriormente. Foram se misturando com os habitantes das diversas regiões, muitas vezes dominando os autóctones.

Os primeiros gregos que ocuparam a região foram os jônios. Segundo a interpretação tradicional, eles submeteram os antigos habitantes da Ásia Menor pela violência e os reduziram à servidão. Os jônios agrupavam-se em tribos de guerreiros organizados numa sociedade de tipo militar, mas aprenderam muito com as populações dominadas. Construíram cidades fortificadas, ainda que sem a sofisticação dos cretenses. Mas não tinham escrita nem deram continuidade ao comércio mediterrâneo que existia anteriormente. Por volta de 1580 a.C., os jônios foram expulsos de parte de seus domínios pelos gregos aqueus e eólios (estes últimos se instalaram na Beócia e Tessália), encontrando refúgio nas terras da Ática.

Inicialmente, os aqueus também eram bandos guerreiros originários dos Bálcãs, mas, a partir do momento em que se instalaram em boa parte da Grécia continental, aprenderam muito e sofreram influência cultural dos cretenses, que os aqueus conquistaram em 1400 a.C. aproximadamente.

Os cretenses estavam pouco exercitados na arte da guerra e, assim, a vitória foi rápida e total, tendo o palácio de Cnossos sido saqueado e, depois, incendiado. Os reis aqueus do Peloponeso, especialmente o da cidade Micenas, enriqueceram. A opulência de Micenas no século XIV a.C. pode explicar-se, em parte, pelo considerável saque trazido de Creta. No entanto, a influência da civilização cretense permaneceu no desenvolvimento da escrita.

Os gregos de origem aqueia evoluíram e desenvolveram uma civilização centrada em palácios, que ficou conhecida como micênica, numa referência à poderosa cidade de Micenas, a mais influente entre outras tantas existentes.

Os micênios já usavam uma escrita com ideogramas e silabogramas (conhecida por Linear B), antes que os gregos adotassem o alfabeto, de origem fenícia.

GRÉCIA **19**

Os micênios constituíram reinos independentes em torno de cidades poderosas, que se uniam, algumas vezes, por interesses comuns e aceitavam obedecer a um único líder. Nesses reinos, o poder monárquico forte concentrava riquezas ao abrigo de enormes muralhas, as *acrópoles*, cidades altas ou palácios fortificados. Essa civilização militar contou também com uma grande burocracia. Alguns estudiosos, por isso, denominam esse período de *despotismo de tipo oriental*: um poder forte, apoiado em uma burocracia centrada nos palácios.

A expansão militar dos aqueus para o mar em busca de novas terras gerou a lendária guerra entre gregos e troianos, povo centrado na cidade de Troia, na atual Turquia. Embora a Guerra de Troia seja uma lenda, como veremos mais adiante, reflete os conflitos reais que ocorreram entre gregos e outros povos no final do segundo milênio a.C.

Entre 1500 e 1150 a.C., a civilização micênica floresceu. Palácios monumentais aparecem a partir do início do século XIV a.C. A economia era controlada pelo Estado, da vida rural à indústria e ao comércio, tudo registrado por meio da escrita chamada Linear. O comércio marítimo e as expedições de pilhagem desenvolvidos por essa civilização espalharam a cultura grega pelo Mediterrâneo, ao mesmo tempo que permitiram aos próprios gregos assimilarem influências orientais. A civilização micênica espalhou-se tanto para a Grécia continental como para outras regiões do Mediterrâneo. A influência de sua cultura estendeu-se até a Itália e a Sardenha, o Egito e o Mediterrâneo oriental, ainda que não tenha havido qualquer domínio político por parte dos gregos nessas regiões. Os micênicos são bem conhecidos hoje porque deixaram muitos vestígios arqueológicos e documentos escritos que acabaram sendo decifrados. Sua escrita foi um instrumento de administração e controle, tendo sido pouco usada para o desenvolvimento da literatura e da reflexão. Como era administrativa e complicada, baseada em ideogramas e sinais silábicos, foi conhecida na época apenas por um reduzido número de escribas. A língua usada era, contudo, o grego, ainda que primitivo.

O mundo micênico desapareceu no século XI a.C., gradativamente, sem que se saiba o que ocorreu. Os palácios deixaram de ser usados, assim como a escrita, até que uma nova civilização, sem palácios, viesse a surgir. Segundo

20 GRÉCIA E ROMA

a interpretação tradicional, teria sido a invasão dos *dórios*, no fim do segundo milênio, que teria feito submergir a Grécia aqueia a partir de 1200 a.C., entre os séculos XII e XI. Os dórios eram grupos guerreiros que iam ocupando cada vez mais espaços (Peloponeso, Creta), partilhavam a terra em lotes iguais e submetiam os povos conquistados à servidão. Uma das consequências das invasões dórias teria sido a destruição quase total da civilização micênica. No período de um século, as criações orgulhosas dos arquitetos aqueus, os palácios e as cidadelas, transformaram-se em ruínas. A escrita e todas as criações artísticas da época áurea de Micenas também foram abandonadas.

Os dórios se estabeleceram sobretudo no Peloponeso, onde introduziram a metalurgia do ferro e a cerâmica com decoração geométrica.

Escapando aos invasores, numerosos aqueus se refugiaram na costa da Ásia Menor onde se instalaram seguidos por alguns dórios. Lá, aos pés do platô de Anatólia, no desembocar das grandes rotas que levavam ao centro do Oriente Próximo, formou-se então a Grécia da Ásia, onde sobreviveram certos traços da civilização creto-micênica, que, no contato com o Oriente, desenvolveu-se ainda mais: os gregos da Ásia, em suas relações com os mesopotâmicos e os egípcios, enriqueceram-se com os conhecimentos tecnológicos dessas duas civilizações mais antigas e sofisticadas.

DAS RUÍNAS DE MICENAS A UMA NOVA CIVILIZAÇÃO

Os séculos XI e IX, que se sucederam às invasões dóricas, são um tanto obscuros. Os três séculos que seguiram ao declínio da civilização micênica são conhecidos, principalmente, por alguns poucos vestígios arqueológicos. (Como arqueólogo, posso descrever o prazer de me deparar, em uma escavação, com vestígios do passado. O arqueólogo encontra vasinhos quebrados, restos de muros, revelados depois de milhares de anos, e a sensação de achar esses objetos originais é indescritível: vale a pena experimentar, como voluntário em um trabalho de campo arqueológico.) Mas para o conhecimento de um período sem escrita, como este, nem tudo fica esclarecido com os objetos. Assim, nesse período (1100 a.C.-800 a.C.), a população parece ter diminuído e empobrecido. Os antigos súditos dos palácios micênicos parecem ter continuado a viver em aldeias. Não havia mais grandes construções. Com o desaparecimento dos escribas, desapareceu também a escrita, substituída pela poesia recitada em público. Houve, entretanto, certa continuidade no uso de técnicas, pois o cultivo da terra e o fabrico de vasos de cerâmica davam sequência a tradições anteriores. Os novos dominadores da região continuaram a adorar os mesmos deuses e a realizar rituais que já existiam antes. No entanto, o ferro passou a ser bem mais utilizado, substituindo o bronze que predominava anteriormente na confecção de materiais de metal. A sociedade organizava-se agora de forma diferente, criando novos valores: no lugar de palácios, surgia uma sociedade, com menos hierarquias, de camponeses e guerreiros.

Esses séculos são conhecidos como "época das trevas", pois não sabemos bem o que se passou. Tradicionalmente, dizia-se que houve um retrocesso cultural, com o abandono da escrita, mas hoje em dia os estudiosos ressaltam que é justamente essa civilização camponesa e guerreira que irá fundar, depois, a Grécia clássica.

Durante os séculos que se seguiram às invasões dórias, nascia lentamente, sobretudo na Grécia da Ásia – da mistura de contribuições cretomicênicas, indo-europeias e orientais –, a civilização grega propriamente dita, chamada clássica. Ela não surgiu como um milagre, mas como herdeira de avanços e conhecimentos aprendidos e adaptados de outras civilizações. Caracterizou-se por uma unidade cultural básica ao mesmo tempo que apresentava variações de acordo com as origens do elemento humano que a compunha, as regiões, as paisagens e as influências estrangeiras recebidas.

O retorno da escrita só se deu mais tarde, no século IX a.C., com a adoção do alfabeto (inventado no Oriente, pelos fenícios, para facilitar-lhes o comércio), o que permitiu que os gregos naquela época pudessem escrever com muito mais facilidade do que no tempo do uso dos ideogramas. (Este é mais um exemplo da capacidade dinâmica dos gregos. Novamente, os gregos adaptavam algo oriental. Já se pode perceber que os gregos puderam ser geniais também graças à sua abertura para as contribuições de outros povos e culturas.)

Os documentos posteriores a Micenas mais antigos de que dispomos são os poemas atribuídos a Homero, as obras *Ilíada* e *Odisseia*, datados do século VIII a.C.

Duas grandes aventuras, a *Ilíada* e a *Odisseia*

Segundo a lenda, Homero, um poeta cego, teria registrado e organizado os poemas – até então transmitidos oralmente – que tratam da guerra entre os gregos (aqueus) e troianos, a Guerra de Troia, ocorrida séculos antes, e outras aventuras da Grécia arcaica.

A epopeia dos aqueus não tinha deixado de ser cantada, apesar das invasões, e se ia enriquecendo de episódios ao longo do tempo. Como sabemos, "quem conta um conto aumenta um ponto". Até que essas histórias foram registradas por escrito por um personagem que hoje se sabe ser lendário, Homero. As obras a ele atribuídas contam histórias de grandes heróis gregos, como Aquiles, Agamenão – o rei de Micenas, que liderou os aqueus nessa guerra –, Menelau e Odisseu, e troianos, como Heitor, Páris e Eneias. As lendas homéricas refletem tanto o mundo de reis e guerreiros do tempo de Micenas, quanto aspectos da própria época em que foram elaboradas, séculos depois: são mencionados palácios, mas no centro da ação estão os guerreiros da nova era. As cidades citadas por Homero, escavadas pela Arqueologia, existiram realmente, mas os detalhes narrados são invenções poéticas. (Que emoção não tiveram os primeiros arqueólogos escavadores? Haviam lido os antigos poemas e, no século XIX d.C., descobriram vestígios de cidades, vasos de cerâmica, espadas. Ainda hoje, quem quer que visite os sítios arqueológicos se pergunta: será possível que os antigos gregos pisaram este mesmo solo?)

Os gregos, durante muitos séculos, gostaram de poesias, em forma de cânticos, dedicadas a temas míticos. Por serem cantadas, podiam ser memorizadas mais facilmente e eram transmitidas por muitas gerações. Para nós, que vivemos uma civilização baseada na escrita e no registro em "memórias" externas ao homem, como é o caso das modernas "memórias" dos computadores, parece difícil acreditar que os gregos pudessem saber de cor centenas de versos de poemas. Isso era possível, em grande parte, por se tratar de poesias cantadas, já que, como ainda hoje, é muito mais fácil memorizar canções do que prosa. Além disso, os gregos costumavam acompanhar suas declamações com instrumentos musicais de corda, o que facilitava ainda mais a memorização. Esses poetas eram conhecidos como *aedoi* (bardos).

GRÉCIA 23

A história da Guerra de Troia era muito conhecida e se referia à cidade de Troia ou Ílion, na costa da Ásia Menor, na atual Turquia. O poema *Ilíada* descreve o décimo ano do conflito entre gregos e troianos. Antes da derrota final dos troianos, vários povos gregos haviam tentado montar expedições contra Troia, mas a cidade era inexpugnável, pois estava situada em uma colina elevada e era cercada por uma muralha de pedra.

O conflito já durava muito tempo e o cerco dos gregos à Troia em dez anos não havia produzido resultados. Para animar os guerreiros frustrados, os chefes gregos decidiram reunir uma assembleia, em uma praça, no meio do acampamento de soldados. Diante de uma turba barulhenta, Térsites, um dos guerreiros, acusou os nobres de tomarem todo o butim para si próprios e sugeriu que voltassem para casa. Odisseu reagiu com brutalidade, bateu em Térsites e o fez calar-se, e, não sem grandes dificuldades, os líderes conseguiram que os homens não desertassem. Depois desse episódio, a guerra entre gregos e troianos recomeçou.

Os gregos dividiam-se por tribos e clãs e entre os combatentes comuns, que iam para a luta a pé, com armadura simples, lanças e pedras, e os comandantes, que iam em carros de guerra puxados por cavalos, armados de lanças e espadas de bronze, protegidos por armaduras de cobre. O melhor guerreiro grego era Aquiles, líder de uma das tribos, e o mais valente troiano era Heitor. A *Ilíada* descreve a luta desses dois homens. Os próprios deuses intervinham nas batalhas, alguns ajudando os troianos, outros os gregos, como foi o caso do deus Hefesto, que fez a armadura de Aquiles. A deusa Atena teve uma participação direta na luta ao lado dos gregos, aparecendo como se fosse o irmão de Heitor e persuadindo-o a lutar com Aquiles, dizendo que estaria ali para ajudá-lo. Aquiles jogou sua lança contra Heitor, que se abaixou e evitou ser atingido. Heitor, então, mandou sua lança, que atingiu o escudo de Aquiles. Atena deu a Aquiles outra lança e, quando Heitor chamou pelo irmão e ele não apareceu, ficou sem lança para combater. Voltou-se então contra Aquiles com sua espada, mas Aquiles conseguiu matá-lo, levando seu corpo para o acampamento grego. Pouco mais tarde, Aquiles também morreu, atingido por uma flecha envenenada em seu calcanhar, única parte de seu corpo vulnerável (pois quando nasceu, sua mãe o banhara em um rio subterrâneo, com águas mágicas, segurando-o, exatamente, pelo calcanhar, que ficou desprotegido. Nossa expressão "calcanhar de Aquiles", usada para se referir a um ponto vulnerável, vem desse mito).

Para finalmente capturar Troia, os gregos tiveram que recorrer a uma artimanha elaborada por Odisseu: um enorme cavalo de madeira, dado como "presente" aos troianos, dentro do qual, escondidos, estavam guerreiros gregos, enquanto os helênicos restantes aguardavam em uma ilha vizinha. Os troianos, acreditando na boa-fé dos gregos, levaram o cavalo para o interior da cidade. À noite, os guerreiros saíram do cavalo, abriram as portas das muralhas de defesa da cidade e deixaram entrar os outros gregos, matando todos os homens troianos e levando as mulheres e crianças como prisioneiras. Troia foi pilhada e incendiada, e os vitoriosos regressaram à Grécia com um enorme butim. Isso teria ocorrido em 1184 a.C. (Desse episódio surgiu a expressão "presente de grego", para se referir a um falso gesto de amizade. Os romanos, apesar de terem sido muito influenciados pelos gregos, nunca deixaram suas suspeitas de lado, lembrando essa história e cunhando um ditado: *timeo Danaos, et dona Ferentes*, "temo os gregos, até mesmo quando trazem presentes". Também se usa, até hoje, a expressão "cavalo de Troia" para se referir a um grupo de pessoas infiltradas no campo adversário.)

Tantas aventuras assim descritas têm despertado encanto em diversas gerações. Mesmo que a tradução dê apenas uma pálida ideia da beleza dos poemas no original, ainda hoje essas obras são atraentes. Na *Ilíada*, por exemplo, podemos ler que, após um bom dia para os troianos, seu líder Heitor permite que seus guerreiros descansem:

> [...] e os troianos aclamaram-no com entusiasmo. Desatrelaram dos carros de batalha os suados cavalos e os prenderam pelas rédeas. Fizeram vir da cidade bois e carneiros volumosos, pão e vinho, para que se divertissem. Juntaram lenha e acenderam as fogueiras. Em pouco tempo, o odor suave da gordura derretida espalhava-se pelo campo, levado pelos ventos. Permaneceram ali, esperançosos, toda a noite, à luz dos braseiros. (*Ilíada*, livro 8, verso 542)

O outro grande poema épico grego, a *Odisseia*, descreve as aventuras de Odisseu durante seu retorno de Troia até a ilha de Ítaca. Odisseu e seus guerreiros embarcaram quando Troia ainda fumegava. No caminho de volta para casa, o deus do vento gélido do norte gerou uma tempestade que fez com que os gregos se perdessem. Por duas vezes, Odisseu e seus homens aportaram em ilhas habitadas por gigantes. Por obra de tais gigantes, 11 navios gregos foram destruídos e todos os seus tripulantes mortos. Apenas o barco de Odisseu escapou, mas os seus companheiros iraram a Zeus, deus do trovão e do raio, que acabou por atingir o navio e o pôs a pique. Odisseu foi o único a salvar-se, boiando em um pedaço do mastro, enquanto ondas o levaram para a terra. O herói grego chegou finalmente a Ítaca após dez anos de aventuras. Um dos episódios mais interessantes no relato da *Odisseia* refere-se ao canto das sereias. Segundo os gregos, as sereias eram pássaros com cabeça de mulher que habitavam uma ilha deserta e atraíam os marinheiros para a morte com seu canto irresistível. Odisseu, passando perto dessa ilha, fez com seus marinheiros tapassem os ouvidos com cera, para evitar serem atraídos, e mandou que o amarrassem no mastro do navio, com os ouvidos destapados, sendo, portanto, o único homem a ter ouvido o canto das sereias e ter sobrevivido, pois, por mais que o canto delas o enfeitiçasse, ele não foi até elas. Nas suas andanças pelo Ocidente, ainda segundo a lenda, Odisseu teria chegado ao extremo oeste, fundando uma cidade com seu sobrenome, Olisippo, a futura Lisboa.

A CIVILIZAÇÃO GREGA "PROPRIAMENTE DITA": SÉCULOS VIII-VI A.C.

Por muito tempo, entre os historiadores, pensou-se que os gregos formavam um povo superior de guerreiros que, por volta de 2.000 a.C., teria conquistado a Grécia, submetendo a população local. Hoje em dia, os estudiosos descartam essa hipótese, considerando que houve um movimento mais complexo. Segundo o pesquisador Moses Finley, "a 'chegada dos gregos' significou a chegada de um elemento novo que se misturou com seus predecessores para criar, lentamente, uma nova civilização e estendê-la como e por onde puderam". Ou seja, mais do que um povo homogêneo, uma "raça superior", o que ocorreu na Grécia – e que nos lembra do Brasil, com seu amálgama de culturas – foi uma grande mistura, que talvez explique a própria capacidade de adaptação e dinamismo que os gregos demonstram ao longo da história. Os gregos souberam incorporar elementos culturais de outros povos à sua própria civilização, adaptando-os às suas necessidades. Um bom exemplo foi a adoção do alfabeto, um método de escrita fonético, inventado provavelmente no Oriente Próximo pelos fenícios, e que simplificava muito a escrita. Para os comerciantes fenícios, o alfabeto permitiu o uso da escrita nas transações comerciais e os gregos, ao incorporarem esse novo sistema, expandiram muito o seu uso.

No início do século VIII a.C., o mundo grego está dividido politicamente em uma porção de cidades. Do século VIII ao VI, o processo de formação desse mundo de cidades se completa, passando de uma sociedade camponesa e guerreira para uma civilização centrada nas cidades (*poleis*). Os gregos espalharam cidades por todo o Mediterrâneo, rivalizando, no comércio, com os grande mercadores orientais: os fenícios.

A cidade – *pólis*, em grego – é um pequeno Estado soberano que compreende uma cidade e o campo ao redor e, eventualmente, alguns povoados urbanos secundários. A cidade se define, de fato, pelo povo – *demos* – que a compõe: uma coletividade de indivíduos submetidos aos mesmos costumes fundamentais e unidos por um culto comum às mesmas divindades protetoras. Em geral, uma cidade, ao formar-se, compreende várias tribos; a tribo está dividida em diversas fratrias e estas em clãs, estes, por sua vez, compostos de muitas famílias no sentido estrito do termo (pai, mãe e filhos). A cada nível, os membros desses agrupamentos acreditam descender de um ancestral comum e se encontram ligados por estreitos laços de solidariedade. As pessoas que não fazem parte desses grupos são estrangeiros na cidade, e não lhes cabe nem direitos, nem proteção.

Na Grécia do período arcaico, a economia baseava-se na agricultura e na criação; terras e rebanhos pertenciam a grandes proprietários, os chefes dos clãs que diziam descender dos heróis lendários. Esses "nobres", conseguindo reduzir o papel do rei, tornaram-se de fato os dirigentes das cidades. Formavam um conselho soberano e administravam a justiça em nome de um direito tradicional pautado por regras mantidas em segredo. Somente eles eram suficientemente ricos para obter cavalos, servos e equipamentos de guerra. De suas incursões guerreiras dependia a sorte da cidade em um tempo em que as batalhas se davam em uma série de combates singulares. Proprietários do solo, detentores dos poderes político e judiciário, defensores da região, os nobres eram os verdadeiros "donos" das cidades – num regime aristocrático, ou oligárquico. Além dos nobres, compunham a sociedade grega os escravos, os servos, os trabalhadores agrícolas livres, os artesãos e também os pequenos proprietários que viviam mais modestamente em seus domínios.

Os excluídos por diversos motivos – escassez de terras, invasões, fugas, derrotas nas disputas políticas –, assim como os miseráveis e aventureiros, buscavam uma vida melhor e, quando possível, decidiam partir e formavam grupos em torno de um chefe à procura de novas terras para se instalar. Nestas, organizavam povoados ligados econômica e culturalmente à cidade grega de origem, fazendo surgir então novas cidades ou "colônias" gregas em torno do Mediterrâneo. Conquistavam novas terras, estabeleciam ligações comerciais entre regiões distantes graças a esse processo de colonização que se estende da Magna Grécia (sul da Itália e a Sicília) ao sudeste da Gália e Espanha. Com isso, o número de cidades aumentou e algumas se transformaram em influentes centros da civilização grega.

Essa expansão levou os gregos e a civilização grega a lugares longínquos. A Grécia propriamente dita viu prosperar enormemente o desenvolvimento do comércio marítimo e do artesanato (produção de armas, cerâmica). Foi introduzido o uso da moeda, algo muito importante tanto no sentido comercial, de facilitar as trocas, como no político, já que passaram a ser emitidas pelas cidades-Estados.

A expansão grega, a colonização e a circulação de mercadorias

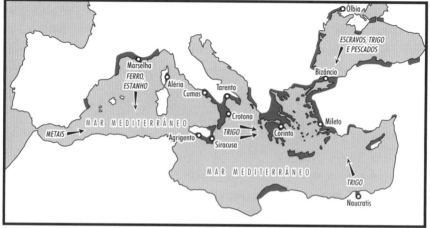

No início, os gregos que buscavam novas terras eram os despossuídos, os condenados ao exílio ou os vencidos em guerras ou lutas políticas. Mais tarde, o próprio sucesso da colonização provocou o crescimento do comércio e da indústria, além da procura por mais terras e posições estratégicas.

Com o surgimento de armas novas e mais baratas, os cidadãos das classes médias e pobres puderam então também participar da defesa das cidades. Assim, passaram a reclamar por reformas e a reivindicar maior participação nas decisões políticas, o que provocou muitas guerras civis. Como consequência desses conflitos, para diminuir sua ocorrência, algumas cidades gregas, como Atenas, atribuíram a certos homens de boa reputação a tarefa de redigir as leis. Esses homens eram chamados de *tiranos* (ou "senhores", em grego). Com esse procedimento, o poder da nobreza – que, antes, interpretava o Direito conforme seus interesses – finalmente conheceu limites.

Várias cidades, por volta de 650 a 500 a.C., foram governadas por homens autoritários que se colocavam contra a "nobreza", dizendo-se defensores dos direitos do povo – os *tiranos* –, ampliaram os direitos políticos dos cidadãos e permitiram que os indivíduos se desligassem do poderio dos grupos familiares. Entretanto, tais transformações que tendiam para a *democracia* ("governo do povo") ocorreram principalmente nas cidades marítimas e mais voltadas para o comércio. Em outros lugares, nessa mesma época, prevalecia o regime *aristocrático* ("governo dos melhores", os nobres). Assim, é correto afirmar que, no fim do século VI, as cidades gregas eram muito distintas umas das outras.

As cidades gregas mais conhecidas são Esparta e Atenas, dois modelos muito diferentes de organização política. A primeira, uma cidade militar e aristocrática. A segunda, um exemplo da democracia grega.

Esparta

A cidade de Esparta localizava-se na região da Lacônia, a sudeste da península do Peloponeso, cortada pelo rio Eurotas, num vale cercado por altas montanhas de difícil transposição. Nestas, havia depósitos de minerais, uma importante fonte de recursos. As terras eram férteis, propícias ao plantio de cereais, oliveiras e vinhas, e as pastagens boas. A região vizinha, a Messênia, no sudeste do Peloponeso, era, em termos econômicos, ainda mais atraente. Entretanto, na costa da Lacônia, em função dos grandes despenhadeiros e pântanos, em nada favoráveis à navegação, persistiu o isolamento da região e seu pouco destaque no comércio.

Segundo a tradição, os rústicos dórios invadiram a Lacônia e fundaram uma cidade, que chamaram de Esparta (no século IX a.C.). Conquistaram, ainda, após muitos combates, toda a Lacônia e a Messênia (no século VIII a.C.), transformando as populações conquistadas e seus descendentes em uma espécie de servos, chamados de *hilotas*, palavra que significa, justamente, "aprisionados". Os conquistadores espartanos tornaram-se proprietários: cada espartano adulto tinha um lote de terra próprio, cultivado por muitas famílias de hilotas. Os hilotas eram obrigados a dar aos espartanos uma porcentagem dos frutos da terra, normalmente a metade, como se fossem meeiros. (Os hilotas não eram escravos. Isso mesmo, não eram escravos porque não eram de fato propriedade dos espartanos. Eles eram submetidos, mas formavam uma comunidade à parte, embora não tivessem direitos legais e pudessem ser mortos por qualquer espartano sem que este sofresse nenhuma punição pelo assassinato.) Apenas os espartanos e seus descendentes pertenciam ao grupo dos chamados *iguais*; proibidos de trabalhar, eram sustentados pelo trabalho dos hilotas. Por outro lado, deviam dedicar-se aos assuntos da cidade.

Os hilotas, naturalmente, não gostavam muito dos espartanos e se revoltaram diversas vezes. Uma grande revolta, que chegou a ameaçar a soberania de Esparta, ocorreu na Messênia no século VII a.C.: após muitos anos, os rebeldes terminaram derrotados pelos espartanos. Um episódio do conflito: os espartanos sitiaram o acampamento hilota composto por um bando de rebeldes refugiados em uma colina e, numa noite, durante uma violenta tempestade, os espartanos subiram em surdina provocando uma sangrenta batalha noturna, algo pouco comum na Antiguidade, mas que foi possível pela iluminação dos raios. As mulheres hilotas combateram também: atiravam pedras e incentivavam os homens a lutar até a morte. Após três dias de lutas, os espartanos permitiram que os sobreviventes ganhassem a liberdade, com a condição de que deixassem a Messênia. Essa história é importante para percebermos que os hilotas não eram escravos e que sempre houve conflitos sociais em Esparta.

Graças às guerras e às conquistas, Esparta, no final do século VII a.C., chegou a dominar um terço do Peloponeso, submetendo os antigos habitantes às suas leis, fundando novas cidades e entrando em contato com outros povos e hábitos. Entretanto, como os conquistadores eram muito minoritários diante dos conquistados, os espartanos, sentindo-se ameaçados, no século VI a.C., resolveram abrir mão de certos territórios difíceis de manter a longo prazo e optaram por fechar a cidade às influências estrangeiras, às artes, às novidades e às transformações, adotando para si próprios costumes rígidos e uma disciplina atroz a fim de manter intacta a ordem estabelecida.

Como viviam os dominadores espartanos? Reservavam todo o poder para si mesmos em detrimento dos dominados. E como governavam a si próprios? Por um pequeno número de dirigentes que compunham a *Gerúsia* (conselho e tribunal supremos, "Senado"). A Gerúsia (cuja tradução literal é "conjunto de velhos") era composta pelos dois reis de Esparta, originários das duas famílias rivais mais poderosas da cidade, e mais 28 anciãos (os senadores ou gerontes), escolhidos entre nobres de nascimento com mais de 60 anos (uma idade considerável para a Antiguidade, pois mesmo os indivíduos que chegavam à idade adulta raramente passavam dos 40 ou 50 anos) que ocupavam o cargo de maneira vitalícia após terem sido eleitos por aclamação pela Assembleia de homens adultos de Esparta. Essa Assembleia, cujos poderes não eram de fato muito grandes, também elegia por aclamação os cinco *éforos* (*éforo* – espécie de prefeito, que permanecia no cargo por um ano) com poderes executivos. Na verdade, as decisões da Assembleia, na forma de leis, eram manipuladas para que os interesses de um pequeno grupo de cidadãos mais poderosos e influentes prevalecessem quase sempre.

O poder era concentrado, concentradíssimo mesmo. A relação entre os poderes estava estabelecida em um documento conhecido como "Retra" (Deliberação), cuja tradução é seguinte:

> Depois que o povo estabelecer o santuário de Zeus Silânio e Atena Silânia, depois que o povo distribuir-se em tribos e obes, depois que o povo tiver estabelecido um conselho (gerúsia) de trinta, incluindo os reis (arquagetas ou fundadores), que se reúnam de estação a estação para a festa de Ápelas entre Babica e Cnáquion; que os anciãos apresentem ou rejeitem propostas; mas que o povo tenha a decisão final. Se o povo se manifestar de forma incorreta, que os anciãos e os reis a rejeitem.

Ou seja, a palavra final cabia sempre ao restrito grupo de anciãos e reis, parte da aristocracia.

Todos os homens de Esparta, chamados de esparciatas, eram guerreiros, sendo proibidos por lei de exercer atividades que entrassem em conflito com a carreira militar. Devemos nos lembrar de que, no mundo antigo, as guerras eram sazonais, ou seja, ocorriam, normalmente, no verão. Durante o restante do tempo, os esparciatas ficavam mobilizados em acampamentos militares, sempre em exercícios bélicos e, mesmo para dormir, não largavam suas armas, que estavam sempre ao lado dos soldados. Os guerreiros espartanos batalhavam a pé, formando fileiras, chamadas de falanges. Ao som de flautas e coros, as falanges avançavam em formação cerrada contra o inimigo, como se fosse um muro de escudos movimentando lanças afiadas.

Nada mais sisudo do que o modo de vida de Esparta. Nessa sociedade de ferro, desde a mais tenra infância, os garotos eram criados como futuros guerreiros, submetidos a condições muito duras, tanto para seu corpo como para seu espírito, de maneira a se tornarem pessoas extremamente resistentes e, por isso, se usa, até hoje, o adjetivo "espartano" para designar a sobriedade, o rigor e a severidade. Os meninos espartanos tinham uma educação militar rígida e ficavam todo o tempo treinando para a guerra. Para aprenderem a suportar a dor, os garotos eram chicoteados até sangrarem e eram ensinados a serem cruéis, desde cedo, caçando e matando hilotas. Os jovens deviam obedecer às ordens dos mais velhos sem qualquer resistência e só podiam falar quando alguém mais velho o permitisse, a tal ponto que os outros gregos diziam que era mais fácil ouvir uma estátua falar do que um lacônio. Como falavam pouco, os espartanos acabavam fazendo isso com grande precisão e concisão, e esse tipo de fala passou a ser conhecida como "lacônica".

A história de Esparta e a de suas instituições não são bem conhecidas, a maioria das informações provém de autores que viveram séculos depois dos acontecimentos ou que não eram de Esparta. Entretanto, sabemos que a estrutura social era de fato muito rígida e que a educação das crianças tinha um papel fundamental na transformação dos homens em guerreiros ferozes. Conforme o costume espartano, o pai levava o recém-nascido para ser avaliado pelos anciãos. Se a criança fosse considerada forte e saudável, ao pai era permitido que a criasse, caso contrário, o bebê era jogado de um despenhadeiro. Aos 7 anos, todos os garotos deixavam suas mães e eram reunidos e divididos em unidades, ou "tropas". Passavam então a viver em conjunto, nas mesmas condições. O mais veloz e mais valente nos exercícios militares tornava-se o comandante da unidade e os outros deviam lhe obedecer, assim como aceitar as punições que ele estabelecesse. Os rapazes aprendiam a ler e escrever apenas o necessário aos objetivos de se tornarem soldados disciplinados e cidadãos submissos, concentrando-se no aprendizado militar. Conforme cresciam, suas provações aumentavam: eram obrigados a andar descalços e nus, de modo que adquiriam uma pele grossa, e só se banhavam com água fria e dormiam em camas de junco, feitas por eles mesmos. Aos 20 anos, o homem espartano adquiria uns poucos direitos políticos; aos 30, casava-se, adquiria mais alguns outros e certa independência. Entretanto, apenas aos 60 estaria liberado de suas obrigações para com o Estado e seu esquema de mobilização militar constante. As consequências desse sistema foram a disciplina, por um lado, mas também a falta de criatividade, a dificuldade de desenvolver as artes e a indústria e a estagnação, por outro. Contudo, formou-se um exército espartano muito efetivo e poderoso, o que acabou por fazer de Esparta uma grande potência no contexto das cidades gregas.

A EDUCAÇÃO DOS GAROTOS ESPARTANOS, SEGUNDO PLUTARCO

[...] a educação era um aprendizado da obediência. Os anciãos vigiavam os jogos das crianças. Não perdiam uma ocasião para suscitar entre eles brigas e rivalidades. Tinham, assim, meios de estudar em cada um as disposições naturais para a audácia e a intrepidez na luta. Ensinavam a ler e escrever apenas o estritamente necessário. O resto da educação visava acostumá-los à obediência, torná-los duros à adversidade e fazê-los vencer no combate. Do mesmo modo, quando cresciam, eles recebiam um treinamento mais severo [...]. Quando completavam doze anos, não usavam mais camisa. Só recebiam um agasalho por ano. Negligenciavam o asseio, não conheciam mais banhos nem fricções, a não ser em raros dias do ano, quando tinham direito a essas "boas maneiras". Dormiam juntos agrupados em patrulhas e tropas [...].

Trecho da obra de Plutarco, *A vida de Licurgo*, publicado em PINSKY, Jaime (org.) *100 textos de História Antiga*. São Paulo: Contexto, 1988, p. 109.

Atenas

A outra grande cidade grega, Atenas – muito mais dinâmica que Esparta – é bem mais conhecida por historiadores e arqueólogos. Atenas ficava na Ática, a sudeste da península grega central; com solo pouco fértil, a produção de trigo e cevada nem sempre bastava para alimentar sua população. As colinas favoreciam o plantio de oliveiras e uvas, o que proporcionou o desenvolvimento de uma indústria de azeite e vinho, desde o século VIII a.C. Ao sul da península, os atenienses desenvolveram a mineração de prata, e o excelente porto do Pireu favoreceu o destaque de Atenas no comércio marítimo.

Enquanto a maioria das cidades era relativamente pequena, Atenas soube ampliar seus domínios e acabou por incorporar toda a península da Ática no século VIII a.C. Atenas foi das poucas cidades micênicas que continuaram a ser ocupadas, sem interrupção, por todo o período posterior à decadência de Micenas. Os atenienses repeliram os dórios e preservaram sua independência e, no período homérico, passaram a dominar toda a Ática (antes que Atenas unificasse a Ática, essa região havia sido ocupada por aldeias e cidadezinhas durante alguns séculos).

Por muito tempo (IX-VI a.C.), Atenas viveu sob o regime aristocrático, a terra estava nas mãos de poucos, os eupátridas ("bem-nascidos") ou nobres. Os reis foram substituídos pelos magistrados encarregados da guerra (denominados polemarcas) e de outros assuntos (os arcontes, em número de nove, eleitos a cada ano). Havia, ainda, um conselho que se reunia em uma colina chamada Areópago, e somente seus membros aplicavam a justiça e administravam a cidade de acordo com seus interesses. Os pobres em geral, pequenos camponeses e artesãos, passavam por grande penúria e, quando endividados, chegavam a ser escravizados por dívida.

Entretanto, conforme Atenas aumentava seus contatos com o mundo mediterrâneo, crescia o poder econômico de parte do povo ateniense, chamado de *demos*, em especial, os comerciantes, que se enriqueceram com o comércio nos séculos VII e VI a.C. Com isso, os aristocratas passaram a ser pressionados para fazer concessões políticas.

Segundo a tradição, as lutas entre as classes populares descontentes e as oligarquias levaram a que Drácon (um personagem lendário cujo nome significa "serpente") atuasse como legislador, encarregado de redigir as leis e torná-las conhecidas por todos. (Atualmente, folheando o jornal, não é raro lermos algo sobre uma medida "draconiana", como um racionamento rígido de água. A fama desta "cobra" ateniense chega até os dias de hoje!) O Código atribuído a Drácon teria sido feito por volta de 620 a.C. (embora os pesquisadores só tenham encontrado uma reprodução bem posterior desse texto). Ele representou um avanço, pois tornou as leis públicas e aplicáveis a todos, mas não acabou com a hegemonia econômica dos aristocratas, que continuaram a dominar a vida política mais significativa. Por isso, nem os problemas nem as ameaças de guerra civil acabaram.

GRÉCIA **35**

Para acalmar os ânimos, Sólon, arconte ateniense, em 594 a.C., adotou medidas para favorecer o desenvolvimento econômico da indústria e do comércio, cancelou dívidas dos cidadãos pobres e acabou com o sistema de escravidão por endividamento, segundo o qual os atenienses pobres deviam pagar suas dívidas com o trabalho escravo. Sólon conferiu mais poderes à Assembleia popular dos cidadãos (Eclésia) e vinculou os direitos políticos às fortunas e não mais aos privilégios de sangue ou às ligações familiares. Se, por um lado, somente os cidadãos mais ricos podiam se tornar arcontes, por outro, todos os cidadãos passaram a ter direito de participar da Eclésia. Sólon instituiu também um novo conselho, a Bulé, e um tribunal popular (mais tarde, no século V a.C., essas instituições, que no começo não eram tão importantes, irão se sobrepor ao poder dos arcontes e do areópago), fazendo com que Atenas caminhasse mais alguns passos em direção à futura democracia.

> *Plutarco (45-120 d.C.) escreveu a biografia de Sólon (640-558 a.C.). Aqui, vemos um trecho de seus escritos em que esse autor comenta as reformas de Sólon. Algumas considerações sobre as mulheres revelam muito das relações sociais na Grécia antiga.*
>
> No conjunto, porém, a maior estranheza parece residir nas leis de Sólon relativas às mulheres. De fato, permite matar um adúltero a quem o apanhe em flagrante; no entanto, se alguém raptar uma mulher livre e a violentar, a pena fixada é de cem dracmas e, se a prostituir, vinte dracmas, com exceção daquelas que às claras se passeiam para cima e para baixo, referindo-se às rameiras: estas, na verdade, andam visivelmente em busca de quem lhes ofereça dinheiro.
>
> Além disso, não permite a ninguém vender as filhas ou irmãs, a não ser que se descubra que estiveram com um homem antes do casamento. Ora, punir o mesmo delito, umas vezes com dureza e inflexibilidade e, outras, com indulgência e ligeireza, fixando como pena um castigo ao acaso, é ilógico; a menos que, rareando então a moeda na cidade, a dificuldade em consegui-la tornasse pesadas as multas pecuniárias.
>
> Efetivamente, para o cálculo do valor das vítimas sacrificiais, ele fixou a equivalência de um carneiro ou de uma dracma a um medimno de grão; estabeleceu que se entregasse ao vencedor dos Jogos Ístmicos cem dracmas e ao dos Olímpicos quinhentas; a quem apanhasse um lobo davam-se cinco dracmas, e a um lobito uma dracma, somas que, segundo Demétrio de Fáleron, correspondiam ao preço de um boi e de um carneiro, respectivamente.

36 GRÉCIA E ROMA

> Ora, os preços das vítimas escolhidas que ele fixa no décimo sexto *axon*
> serão possivelmente várias vezes mais elevados do que o corrente, mas ainda
> assim se mostram inferiores aos praticados agora.
>
> Trecho da obra de Plutarco, *Vida de Sólon*, publicado em LEÃO, Delfim Ferreira. *Plutarco; Vida de Sólon*: introdução, tradução e notas. Lisboa: Relógio d'Água Editores, 1999, pp. 86-7.

O regime aristocrático não acabou de uma hora para outra em Atenas. A trajetória política dos atenienses até o regime de maior participação popular da Antiguidade foi marcada por várias e longas etapas. Para que se chegasse à democracia foi preciso muita luta popular, pois os aristocratas não cederam facilmente. Isso foi possível, entre outros motivos, graças à ampliação do comércio marítimo ateniense, ocorrida a partir do século VI a.C., que tornou o poder dos comerciantes grande o suficiente para contrastar com o domínio dos grandes proprietários rurais. Os próprios camponeses conseguiram ampliar sua participação social devido, também, ao seu crescente papel econômico em uma Atenas cada vez mais voltada para o mundo exterior.

Entre 560 e 527 a.C., Atenas viveu sob a tirania de Pisístrato, um governante moderado, favorável à cultura e que contava com um grande apoio popular. Além disso, Pisístrato encomendou a transcrição da *Ilíada* e da *Odisseia*, até então histórias apenas transmitidas oralmente, o que fez com que pudéssemos conhecer os poemas de Homero. O *tirano* Pisístrato confiscou grandes domínios de nobres da oposição e ampliou o número de pequenos proprietários, construiu grandes palácios, favoreceu a cultura e o crescimento econômico ateniense.

Contudo, apesar das mudanças ocorridas no tempo de Sólon e de Pisístrato, os aristocratas continuavam politicamente muito poderosos: as famílias sob seu comando, gens e tribos, ainda controlavam boa parte da política ateniense, decidindo sobre a vida pública e os assuntos da religião. Para mudar essa situação, Clístenes, estadista da importante família dos Alcmeônidas, procurou tirar das mãos desses grupos familiares a maior parte de seus privilégios políticos, minando o poder aristocrático ao reagrupar as tribos e mudar o sistema de voto e representação política. As antigas 4 tribos hereditárias foram substituídas por 10 tribos definidas por seu território geográfico, a Bulé passou de 400 a 500 membros, escolhidos por sorteio, o campo foi dividido em trítias (três por tribo), cada uma com certo número de demos. A partir daí, todo cidadão que estava alistado em um demos podia votar na Assembleia.

No tempo de Clístenes, foi criado também o ostracismo: por esse procedimento, os atenienses podiam votar para que um indivíduo fosse exilado da cidade por um período de 10 anos, caso sua presença fosse considerada uma ameaça à liberdade dos cidadãos. Escrevia-se o voto em cacos de cerâmica, *óstracon*, em grego, de onde deriva o termo "ostracismo". O ostracismo foi uma instituição importante em Atenas, principalmente porque evitava o ressurgimento das guerras civis ou do poder concentrado em uma só pessoa ou pequeno grupo. (Não é raro ouvirmos hoje que tal pessoa está "no ostracismo", ou seja, está excluída, foi repudiada. Para nós, o ostracismo existe no sentido figurado, mas para os atenienses era uma medida concreta que marcava a vida do ostracizado. As escavações arqueológicas permitiram que se descobrissem cacos com diversos nomes escritos.)

Desde 491 a.C., os gregos vinham sendo furiosamente atacados pelos persas, até que, em 485 a.C., estes foram finalmente derrotados. A partir de então, Atenas, que havia liderado a vitória grega sobre os inimigos, tornou-se também a cidade mais importante e suntuosa da Grécia. Restaurou suas fortificações, ergueu construções admiráveis, tornou-se um império e evoluiu em direção à democracia.

A DEMOCRACIA ATENIENSE, CIDADANIA E ESCRAVIDÃO

Em Atenas, este regime político atingiu seu pleno desenvolvimento no tempo de Péricles, que se tornou líder dos democratas em 469 a.C. Nessa época, os cargos políticos ligados à redação das leis e sua aplicação tornaram-se legalmente acessíveis tanto aos cidadãos ricos como aos pobres, e as palavras *justiça* e *liberdade* passaram a ser referenciais importantes no imaginário ateniense. Entre 440 e 432 a.C., Péricles comandou a construção de diversos edifícios monumentais na cidade que se tornou o centro artístico, econômico e intelectual da Grécia.

38 GRÉCIA E ROMA

> *Tucídides viveu entre 460 e 400 a.C. aproximadamente. Em um trecho da transcrição que ele faz de um discurso fúnebre dito por Péricles, podemos ter uma ideia de como Péricles via a democracia ateniense.*
>
> Vivemos sob uma forma de governo que não se baseia nas instituições de nossos vizinhos; ao contrário, servimos de modelo a alguns ao invés de imitar os outros. Seu nome, como tudo que depende não de poucos, mas da maioria, é democracia. Nela, no tocante às leis, todos são iguais para a solução de suas divergências privadas, quando se trata de escolher (se é preciso distinguir em qualquer setor), não é o fato de pertencer a uma classe, mas o mérito, que dá acesso aos postos mais honrosos; inversamente, a pobreza não é razão para que alguém, sendo capaz de prestar serviços à cidade, seja impedido de fazê-lo pela obscuridade de sua condição. Conduzimo-nos liberalmente em nossa vida pública, e não observamos com uma curiosidade suspicaz a vida privada de nossos concidadãos, pois não nos ressentimos com nosso vizinho se ele age como lhe apraz, nem o olhamos com ares de reprovação, que, embora inócuos, lhe causariam desgosto. Ao mesmo tempo que evitamos ofender os outros em nosso convívio privado, em nossa vida pública nos afastamos da ilegalidade principalmente por causa de um temor reverente, pois somos submissos às autoridades e às leis, especialmente àquelas promulgadas para socorrer os oprimidos e às que, embora não escritas, trazem aos transgressores uma desonra visível a todos.
>
> Fonte: TUCÍDIDES. *História da Guerra do Peloponeso.* Trad. Mário da Gama Kury. Brasília: Editora da UnB, 1982, p. 98.

Democracia – algo tão valioso para nós – é um conceito surgido na Grécia antiga. Por cerca de um século, a partir de meados do século V a.C., Atenas viveu esta experiência única em sua época. Democracia, em grego, quer dizer "poder do povo", à diferença de "poder de um", a monarquia, ou o "poder de poucos", a oligarquia ou aristocracia.

A democracia ateniense era direta: todos os cidadãos podiam participar da assembleia do povo (Eclésia), que tomava as decisões relativas aos assuntos políticos, em praça pública. Entretanto, é bom deixar bem claro que o regime democrático ateniense tinha os seus limites. Em Atenas, eram considerados cidadãos apenas os homens adultos (com mais de 18 anos de idade) nascidos de pai e mãe atenienses. Apenas pessoas com esses atributos podiam participar do governo democrático ateniense, o regime político do "povo soberano". Os cidadãos tinham três direitos essenciais: liberdade individual, igualdade com relação aos outros cidadãos perante a lei e direito a falar na Assembleia.

Em 431 a.C., havia cerca de 42 mil cidadãos com direito a comparecer à Assembleia, mas a praça de reuniões não comportava esse número de homens. As reuniões podiam ocorrer na praça do mercado, a Ágora, quando o número de indivíduos presentes fosse muito grande. Normalmente, reuniam-se em uma colina, na praça Pnix, em uma superfície de 6 mil metros quadrados, com capacidade para até 25 mil pessoas. Assim, embora houvesse 42 mil cidadãos, nunca mais do que 25 mil votavam e, em geral, muito menos pessoas tomavam parte na democracia direta.

A Eclésia reunia-se ordinariamente dez vezes por ano, mas para cada uma destas havia mais três encontros extraordinários. As sessões começavam ao raiar do sol e terminavam ao final do dia. Qualquer cidadão ateniense tinha o direito de pedir a palavra e ser ouvido. As proposições da Eclésia eram enviadas ao conselho (Bulé), onde eram comentadas e emendadas, retornando então para serem aprovadas na Assembleia. A votação que concluía cada assunto era feita com os eleitores levantando o braço. Embora todos os cidadãos tivessem o poder da palavra na Assembleia, na prática, eram os líderes a falar, pois o povo soberano se reduzia de fato a uma minoria de cidadãos que tinham possibilidade de assistir regularmente às sessões, dirigidos por alguns homens mais influentes.

O povo, definido como o conjunto dos cidadãos, era considerado soberano, e suas decisões só estariam submetidas às leis resultantes de suas próprias deliberações. Nenhum cidadão poderia deixar de se submeter às leis, sob pena de sofrer as punições previstas. Na democracia ateniense havia dois tipos de leis que deviam ser respeitadas: as consideradas divinas (*themis*), dadas pela tradição, que não podiam ser alteradas pelos homens (como a proibição de matar os próprios pais ou casar-se com os familiares em primeiro grau, como os irmãos) e também as leis tidas como feitas pelos homens, que todos conheciam e eram reproduzidas, por escrito, em inscrições monumentais, para que todos pudessem ver. As leis, uma vez aprovadas, deveriam aplicar-se a todos; os que haviam votado contra ainda podiam deixar a cidade, mas, ficando, deveriam obedecer à decisão tomada pela maioria. Lei, neste sentido, era chamada de *nomos*: a lei humana, racional, que tem uma lógica e pode ser modificada pela decisão racional das pessoas.

As decisões da Assembleia eram inapeláveis. No entanto, para que não fossem levianas, havia um conselho, Bulé ou Senado, composto de pessoas que se dedicavam, o ano inteiro, a analisar todo tipo de questões (projetos de lei, supervisão da administração pública, da diplomacia e dos assuntos militares) e a aconselhar sobre os temas de interesse público. As reuniões do Senado eram públicas e destinavam-se principalmente a receber e enviar projetos de decreto para a Assembleia, aconselhar os magistrados e redigir decretos. Suas considerações eram sempre levadas muito em conta na Assembleia. Na prática, pode-se dizer que certas decisões administrativas, como o caso da aplicação das finanças públicas, eram tomadas no Senado.

Os quinhentos senadores que faziam parte da Bulé eram homens sorteados entre aqueles que se apresentassem como candidatos, necessariamente cidadãos com, ao menos, 30 anos de idade. (Veja que diferença com relação a Esparta: em Atenas, o conselho era formado por sorteio, em Esparta, um grupo de idosos ficava no Senado até morrer! Em Atenas, o nome *Bulé* remete à "troca de ideias", "conselho", enquanto, em Esparta, a denominação *Gerúsia* quer dizer "conjunto de velhos".)

Como os participantes do conselho ateniense tinham que ficar um ano no cargo dedicando-se a reuniões diárias, adquiriram o direito a receber uma ajuda de custo. Entretanto, como se pagava relativamente pouco, havia mais candidatos ricos do que pobres, ainda que estes não estivessem ausentes.

Os magistrados eram apenas os executores das decisões da Eclésia e da Bulé. Tinham poderes de manter a ordem e o respeito a leis e decretos. Os magistrados podiam ser homens eleitos pela Assembleia (no caso em que fossem ocupar cargos que necessitassem de alguma habilidade especial, como conhecimentos de estratégias militares) ou escolhidos por sorteio entre os candidatos. Os gregos consideravam que o sorteio punha na mão dos próprios deuses a escolha, já que a sorte era uma deusa (*Tykhé*).

O tribunal popular, ou Helieia, contava com milhares de juízes, escolhidos por sorteio, para os diferentes tribunais específicos, em geral com 501 membros cada um.

A partir de 395 a.C., os cidadãos que participavam da Assembleia também passaram a ter direito a receber um pagamento por sua presença. A ideia era que cidadãos de menos posses, que trabalhavam para garantir seu sustento, pudessem assistir às reuniões e usufruir dos direitos políticos da mesma forma que os mais abastados – o que era, sem dúvida, mais democrático.

Uma democracia direta que ainda paga para os cidadãos exercerem o poder político só é possível em Estados pequenos e com recursos econômicos suficientes para proporcionar aos seus cidadãos disponibilidade e tempo livre. Como isso se dava em Atenas?

Na democracia ateniense, como foi dito, apenas tinham direitos integrais os considerados *cidadãos*. Calcula-se que, em 431 a.C., havia 310 mil habitantes na Ática, região que compreendia tanto a parte urbana como rural da cidade de Atenas, 172 mil *cidadãos* com suas famílias, 28.500 *estrangeiros* com suas famílias e 110 mil *escravos*. Os escravos, os estrangeiros e mesmo as mulheres e crianças atenienses não tinham qualquer direito político e para eles a democracia vigente não trazia qualquer vantagem.

Os estrangeiros, além dos impostos, eram obrigados a pagar uma taxa especial e ainda prestar o serviço militar. Estavam autorizados a atuar em diversas profissões e acabavam exercendo a maior parte das atividades econômicas, artesanais e comerciais, que os cidadãos tendiam a desprezar. Com isso, vários estrangeiros se destacaram como artistas e intelectuais, e eram responsáveis por boa parte do desenvolvimento e da prosperidade de Atenas. Entretanto, além de não terem direitos políticos, eram proibidos de desposar mulheres atenienses, sendo, portanto, tratados como pessoas "de segunda classe" até a morte.

Os escravos de Atenas eram em sua maioria prisioneiros de guerra (gregos ou "bárbaros", como eram chamados pejorativamente os não gregos) e seus descendentes, considerados não como seres humanos dignos, mas como "instrumentos vivos". Dos escravos, cerca de 30 mil trabalhavam nas minas de prata, das quais se extraía metal para armamentos, ferramentas e moedas, 25 mil eram escravos rurais e 73 mil eram escravos urbanos empregados nas mais variadas tarefas e ofícios, permitindo que seus donos se ocupassem dos assuntos públicos.

ARISTÓTELES EXPLICA A ESCRAVIDÃO

[...] na administração doméstica assim como nas artes determinadas é necessário dispor de instrumentos adequados se se deseja levar a cabo sua obra. Os instrumentos podem ser animados ou inanimados, por exemplo o timão de um piloto é inanimado, o vigia animado (pois o subordinado faz as vezes de instrumento nas artes). Assim também os bens que se possui são um instrumento para a vida, a propriedade em geral uma multidão de instrumentos, o escravo um bem animado é algo assim como um instrumento prévio aos outros instrumentos. Se todos os instrumentos pudessem cumprir seu dever obedecendo às ordens de outro ou antecipando-se a elas [...], se as lançadeiras tecessem sós e os plectros tocassem sozinhos a cítara, os maestros não necessitariam de ajuda nem de escravos os amos.

Trecho da obra *Política*, de Aristóteles, publicado em Pinsky, Jaime (org.) *100 textos de História Antiga*. São Paulo: Contexto, 1988, pp. 13-4.

Escravidão e democracia: aparentemente, não há duas palavras mais incompatíveis. Entretanto, não é exagero dizer que a democracia ateniense dependia da existência da escravidão.

Se, por um lado, a democracia ateniense continha todos esses limites, por outro, a maior parte dos cidadãos que dela podiam usufruir eram camponeses ou pequenos artesãos (as famílias atenienses abastadas tinham 15 escravos ou mais, o que significa que uma grande parte dos cidadãos não tinha escravo algum ou possuía apenas um) e, nesse sentido, a democracia de Atenas era um regime em que os relativamente pobres tinham um poder considerável, algo inédito e, até hoje, muito raro em toda a história da humanidade.

Segundo um historiador antigo, Tucídides, em Atenas, "é o mérito, diz-se, mais do que a classe, que abre o caminho para as honras públicas. Ninguém, se é capaz de servir a cidade, é impedido pela pobreza ou pela obscuridade de sua condição" (Tucídides, 2, 37). (Mesmo que Tucídides estivesse exagerando, tais ideias não deixam de nos causar admiração, nós que vivemos uma democracia tão imperfeita.) Na Atenas democrática do século V a.C., a possibilidade de participação política abrangia um número significativo de homens e incluía cidadãos mais modestos (dedicados ao artesanato ou à agricultura) ao lado dos que possuíam grandes fortunas (advindas dos lucros do comércio marítimo e da exploração mineral).

A experiência da democracia ateniense serviu de inspiração para aqueles que, muitos séculos depois, em diversos momentos históricos, defenderam a liberdade política e o governo do povo. Entretanto, por muito tempo, para alguns prevaleceu uma visão negativa do "governo do povo" e do "exemplo de Atenas". Desde fins do século XVIII d.C., nutriu-se uma tradição historiográfica que viu, na sociedade ateniense, uma massa ociosa, responsável, em última instância, pelo fim do regime democrático, a partir do século IV a.C. De acordo com essa interpretação, os pobres ociosos foram incentivados a participar da vida política, tomando parte nas assembleias graças a uma ajuda monetária. Isso acabou levando à *demagogia*, ou seja, ao domínio das assembleias populares por líderes manipuladores e inescrupulosos, porque os pobres seriam ignorantes, ociosos que só estavam interessados no pagamento que recebiam por participar.

Atualmente, no entanto, vivemos num mundo muito mais aberto à ideia de participação popular no governo da coisa pública, e essas interpretações têm sido contestadas por diversos motivos. Em primeiro lugar, sabe-se hoje que os cidadãos atenienses eram, em sua maioria, camponeses e soldados e constituíam o cerne da cidadania. Em segundo lugar, a noção de uma plebe ociosa, em inglês *idle mob*, é muito posterior à Antiguidade, surgiu justamente no século XVIII d.C. e correspondia aos temores da nascente burguesia quanto à crescente massa de antigos camponeses desenraizados que se dirigiam para as cidades naquela época e que constituíam, a seus olhos, uma ameaça à ordem. Ou seja, a democracia ateniense foi considerada de forma negativa pelos pensadores modernos não por limitações, como a exclusão de escravos e estrangeiros e mulheres, mas por algo que preocupava apenas os próprios pensadores modernos. Além disso, esses críticos da democracia ateniense desprezavam o trabalho manual, associado à ralé. Porém, na Grécia antiga, Hesíodo, poeta do século VIII a.C., afirmava que "não há vergonha no trabalho, a vergonha está na ociosidade" (*O trabalho e os dias*, verso 311), e essa era a tradição que os pobres, definidos como aqueles que vivem do trabalho e que constituíam o grosso dos cidadãos de Atenas, mantinham e que marcava fundamentalmente a democracia ateniense. A massa de cidadãos trabalhava e orgulhava-se disso.

Os trabalhadores gregos dedicavam-se à olaria,
usando o torno para modelar vasos que eram secos em fornos.

O filósofo grego Aristóteles, em um trecho de seu livro sobre a *Política* (1296b13-1297a6), mostra bem a importância das pessoas de poucas posses para a democracia antiga:

> [...] onde o número de pobres supera a proporção indicada, é natural que haja a democracia e cada tipo de democracia, se moderada ou radical, dependerá da superioridade de cada tipo de povo. Assim, por exemplo, se é maior a população de camponeses, haverá a democracia moderada; se predominam os trabalhadores e assalariados, [será] a radical e todas as gradações intermediárias, segundo as proporções.

Para garantir a estabilidade do regime democrático, Aristóteles recomendava que se procurasse atrair os grupos intermediários, a "classe média" (*to ton meson*, os que estão no meio, não são nem ricos, nem pobres), já que o regime democrático foi ameaçado, diversas vezes, pela reação das elites, intimidadas pelas massas. Ao final da Guerra do Peloponeso, em 404 a.C., Atenas foi tomada por um golpe que colocou no poder 30 oligarcas. Ainda que estes tenham ficado no poder por pouco tempo, a restauração democrática mostrou a Aristóteles a importância da participação da classe média na política.

Era a exploração do Império ateniense que bancava a prosperidade de Atenas, seus monumentos, festas, soldos, riquezas acumuladas, frota possante, construções, no século V a.C. O Império contava com aproximadamente 200 cidades que forneciam a Atenas matérias-primas, tributos. Os ingressos provenientes das áreas do Império correspondiam a cerca de 60% do total de recursos atenienses, o que permitiu as grandes construções, o desenvolvimento das artes e das letras, mas, principalmente, assegurou a participação dos pobres na política e fez deles beneficiários diretos da exploração imperialista. Além disso, Atenas pegou terras de outros e distribuiu entre seus cidadãos pobres. Assim, a potência de Atenas era baseada na exploração de seus "aliados", e a democracia de Atenas, com seu regime direto, pressupunha a escravidão e dependia da exploração de outros gregos. Nunca houve, portanto, igualdade entre todos, nem entre as cidades do Império.

A VIDA NA GRÉCIA ANTIGA

Podemos dizer que as principais etapas da vida de um grego eram o nascimento, a infância, a adolescência, a idade adulta, com o casamento, a velhice e a morte. Isso pode parecer óbvio: todos nascemos, crescemos e morremos! Mas não é nada disso. Embora falemos em "infância" ou "adolescência", a maneira de viver essas fases varia de sociedade a sociedade e de época a época.

Na Grécia, os recém-nascidos eram lavados com água, vinho ou outro líquido, em alguns lugares; se fosse menino, pendurava-se um ramo de oliveira, se menina, uma fita de lã. Os meninos eram apresentados à *frátria* (o conjunto de todos os familiares). Por ocasião dos nascimentos, as famílias abastadas faziam festas, as pobres contentavam-se apenas em dar nome à criança, sempre segundo a fórmula "fulano, filho de sicrano": "Mégacles, filho de Hipócrates".

Os meninos da elite aprendiam a ler e escrever e também estudavam Ciências e Literatura. (Imagem de uma taça grega, cerca de 480 a.C.)

As crianças podiam ser recusadas pelos pais e abandonadas, mas, muitas vezes, os bebês abandonados eram adotados por outras pessoas.

Na Grécia antiga, havia muitas diferenças entre a vida de homens e mulheres, em todas as fases. Dentro de casa, as mulheres gregas abastadas viviam separadas dos homens em cômodos diferentes reservados a elas e chamados de gineceus, onde ficavam confinadas a maior parte do tempo. As mansões da elite eram divididas em duas partes, masculina e feminina.

As meninas pouco contato tinham com os meninos depois da primeira infância, como mandava a "boa educação". Elas tinham brinquedos que se referiam à vida que teriam como adultas, basicamente como mães e donas de casa, dedicadas à costura da lã, ao cuidado dos filhos e ao comando dos escravos domésticos. Os meninos brincavam de lutas, já antecipando sua entrada no exército. Quando chegavam à adolescência, as meninas participavam de cerimônias que as preparavam para o casamento; as garotas de famílias com mais recursos podiam aprender também a tocar instrumentos e dançar. Já os rapazes, começavam o treinamento para o serviço militar. A caça, para eles, era também um treino para a guerra, assim como as competições esportivas de que participavam. A educação dos rapazes consistia no conhecimento das letras, da poesia e da retórica, ainda que se pudesse seguir e continuar a instrução, com o estudo da Filosofia.

Na época áurea de Atenas, por exemplo, o ensino era obrigatório para os rapazes futuros cidadãos. Os meninos começavam aprendendo boas maneiras com os pedagogos (professores escolhidos pelo pai) e depois a ler, escrever, declamar e cantar acompanhados da lira, além de praticar esportes. Dos 14 aos 18 anos, sua educação baseava-se principalmente nos exercícios físicos, já que dos 18 aos 20 anos os jovens deviam prestar um tipo de serviço militar. O principal objetivo educacional ateniense era formar cidadãos capazes de defender a cidade e/ou cuidar dos assuntos públicos. Preparava também os indivíduos para participar de competições atléticas e musicais e para falar em público, expondo ideias com clareza. No tempo da democracia ateniense, não eram só os aristocratas que tinham acesso à educação, bem como ao usufruto da cultura (teatro, artes, música, espetáculos, festas e cultos públicos, debates acalorados) e do poder político, mas também os homens do povo, cidadãos mais pobres e sem "berço de ouro", que viviam de seu trabalho, adquiriram o direito a tudo isso.

A partir do século IV a.C., as cidades-Estados gregas passaram a contratar mercenários estrangeiros como seus soldados e, como consequência, a importância da formação militar entre os futuros cidadãos passou a ser mais cerimonial do que prática, já que o exército não era mais composto pelos cidadãos.

Não é de hoje que as diferenças sociais são tão profundas que pobres e ricos vivem em mundos separados, em uma mesma sociedade. O casamento na Grécia antiga reproduzia a diferença entre ricos e pobres. Estes, camponeses ou artesãos, tinham que trabalhar para sobreviver e casavam-se cedo. Já os abastados casavam-se mais tarde, em geral o noivo servia no exército por certo tempo antes de se casar.

48 GRÉCIA E ROMA

Embora vivessem reclusas, as meninas, principalmente de elite, podiam, também, aprender as letras. (Imagem de um vaso grego 475-50 a.C.)

Entre as pessoas de posses, o casamento era considerado uma aliança de famílias "de bem", que era acertada entre o pai da noiva e o noivo. O noivo era frequentemente alguns anos mais velho do que a noiva. Os homens casavam-se já perto dos 30 anos e as meninas entre 15 e 20 anos de idade. (Entre os pobres, ao que tudo indica, o casamento era menos formal, a diferença de idade entre os cônjuges era menor, a mulher não era confinada e acredita-se que talvez não fosse o pai da noiva a decidir sobre a união.) A garota costumava casar-se na puberdade, após alguns ritos de iniciação. A menina, com seus 12 a 13 anos, ao casar, passava à posição de dona da casa. O marido, com seus 35 a 40 anos de idade, já era um homem experiente, que havia combatido no exército, e que iria, na verdade, não apenas ser o marido, mas também o professor da esposa, que tudo aprendia com ele. A começar, naturalmente, pela administração da casa. A mulher passava a fazer parte da família do marido, e seus laços e de seus filhos davam-se pelo lado paterno, em uma relação patrilinear, centrada sempre no lado dos antepassados homens. O casamento, para a elite, visava à transmissão da herança e, por isso mesmo, esperava-se que da união resultassem filhos, os herdeiros: a ausência de herdeiros podia levar ao pedido de divórcio.

Com relação à reprodução da espécie, os gregos acreditavam que o sêmen encontrava na mulher apenas um terreno para que se desenvolvesse e uma criança fosse produzida. *Sperma*, em grego, quer dizer sêmen e semente e, por analogia com o que passa na semeadura, os gregos consideravam que a mulher fosse a terra, fertilizada pelas sementes do marido, introduzidas por seu "arado". Não é à toa que *Gé* (a Terra) era uma deusa e, como em português, "terra" em grego é uma palavra feminina. Se uma mulher não produzisse filhos, por esse raciocínio, isso se devia a uma falha dela e o marido podia divorciar-se justificadamente.

Embora os maridos, em geral, fossem mais velhos do que as esposas e corressem muitos riscos de morrer na guerra, não havia um desequilíbrio muito grande entre o número de homens e de mulheres, pois estas morriam, com frequência, durante o trabalho de parto. Os homens casavam-se em segundas e terceiras núpcias com certa frequência, assim como havia também muitas viúvas.

ARISTÓTELES EXPLICA A HIERARQUIA FAMILIAR EM ATENAS

O homem livre manda no escravo, o macho na fêmea e o pai na criança, de maneiras diferentes. E se bem que partes da alma estejam presentes em todos estes seres, aí estão representadas de modos diversos: o escravo está totalmente privado da parte deliberativa; a fêmea a possui, mas desprovida de autoridade; quanto à criança, ela também a possui, mas não desenvolvida. Devemos supor que o mesmo acontece no que diz respeito às virtudes morais: todos as têm, mas não da mesma maneira, cada um as possui apenas na medida exigida para realizar a tarefa a que lhe foi pessoalmente destinada. Eis por que, ao passo que aquele que comanda deve possuir virtude ética em sua plenitude (pois sua tarefa, tomada no sentido absoluto, é a do senhor que dirige soberanamente e a razão é uma diretriz), basta que os outros tenham somente a soma de virtude apropriada ao papel de cada um.

Trecho da obra *Política*, de Aristóteles, publicado em PINSKY, Jaime (org.) *100 textos de História Antiga*. São Paulo: Contexto, 1988, p. 111.

Especialmente por causa das doenças, não eram muitas as pessoas da Antiguidade que chegavam à velhice. Para nós, que estamos acostumados a conviver com idosos, pode parecer estranho, mas naquela época era muito mais comum do que hoje a morte de pessoas entre 30 e 50 anos de idade.

Quando as crianças ficavam órfãs de mãe, o pai, geralmente, casava-se com outra mulher, e as crianças ficavam aos cuidados desta. Já os órfãos de pai eram criados pela mãe, sob os cuidados de um homem da família que atuava como tutor.

Os gregos davam muita atenção ao sepultamento dos mortos, até mesmo pelo fato de morrerem muito jovens, boa parte deles guerreiros e parturientes, pois guerras e partos eram importantes e valorizadas atividades sociais que frequentemente levavam à morte precoce. As mulheres lavavam e perfumavam o corpo do morto que seria velado na casa da família por um ou dois dias. No velório, as mulheres choravam, sendo essa uma das raras ocasiões em que as mulheres gregas de elite podiam aparecer em público. As mortes consideradas mais honrosas eram a do guerreiro em luta e a da mulher que morria no parto. O corpo do defunto podia ser cremado ou enterrado na tumba, local que recebia a visita e o culto dos parentes. Os gregos acreditavam que o morto seria conduzido pelo deus Hermes ao mundo inferior, onde estava o deus Hades, ficando nesse mundo subterrâneo para todo o sempre. A sepultura seria o local de ligação entre vivos e mortos, e apenas a lembrança dos vivos faria com que o morto tivesse algum conforto no Hades.

Haveria classes sociais na Antiguidade?

Esta questão nos conduz a uma grande controvérsia entre os estudiosos do mundo antigo. Tudo depende da definição que se adote de classe, naturalmente. *Classe social* é um conceito criado bastante recentemente, ligado ao capitalismo e, portanto, nenhum autor antigo se refere à classe social nesse sentido, pois não havia capitalismo na Antiguidade. Os termos usados pelo filósofo antigo Aristóteles para designar os grupos sociais, por exemplo, são muito diferentes do conceito de classe social empregado nos dias de hoje. Ele menciona "os bem-nascidos e os não bem-nascidos", "os ricos e os sem-recursos" e "os que estão no meio". Além disso, havia também entre os gregos distinções que não eram puramente econômicas, mas de *status* jurídico: *nascidos livres, escravos, libertos, estrangeiros, cidadãos* são algumas das categorias jurídicas existentes na época. Diante disso, muitos estudiosos consideram que não faz sentido usar o conceito de classe social para a Antiguidade e não há dúvida de que, para se entender como aquele mundo estava organizado, é necessário conhecer os conceitos que os próprios antigos usavam.

Outros estudiosos, entretanto, acreditam que podemos, sim, tentar entender outras épocas baseados em conceitos da nossa e, portanto, consideram relevante pensar na existência de classes sociais na Antiguidade. Dentre os intelectuais dessa linha, há alguns que defendem a ideia de que a história da humanidade é movida pelo conflito de interesses das classes fundamentais, os produtores e os apropriadores, e, assim, na Grécia antiga haveria duas classes, os escravos e os senhores de escravos, em luta. Outros, por sua vez, consideram que com relação aos gregos havia diversas classes sociais e que os conflitos se davam não apenas entre senhores e escravos, mas também, por exemplo em Atenas, entre a aristocracia fundiária e os camponeses, já que seus interesses foram, muitas vezes, antagônicos: os camponeses sempre estavam às voltas com dívidas e podiam sofrer com as guerras, por terem suas terras invadidas, enquanto os grandes proprietários podiam lucrar tanto com o endividamento camponês, como com os saques e conquistas militares. Ou seja, no interior mesmo do corpo cidadão, havia conflitos de classes, lutas de interesses entre os "muitos" (*plethos*), os camponeses e artesãos, e os "poucos", os aristocratas.

Além disso, há historiadores que demonstram que havia não apenas conflitos como também alianças entre grupos. Essa multiplicidade de situações tem sido interpretada, por alguns estudiosos, como indício de que não havia uma divisão bipolar de classes no mundo antigo. Entretanto, outros argumentam que, a despeito dessa pluralidade, havia uma oposição essencial entre apropriadores e apropriados. Esta última posição parece-me mais próxima dos documentos que, oriundos dos pobres, chegaram até nós e tem sido aquela adotada por estudiosos, de diferentes realidades, que se voltaram para o estudo das manifestações populares. O povo tinha interesses e manifestações culturais que se diferenciavam daqueles da elite, pelo que, acredito, uma ideia de oposição bipolar corresponde melhor à dinâmica de conflitos sociais da Grécia antiga.

52 GRÉCIA E ROMA

Havia vida privada na Antiguidade?

Alguns estudiosos modernos têm ressaltado que a *privacidade* é uma invenção recente, ligada ao desenvolvimento do capitalismo e do individualismo modernos. Assim, a divisão das casas em aposentos destinados a indivíduos, como no caso dos dormitórios separados para cada filho e para o casal, assim como a existência de banheiros em que cada pessoa está sozinha ("privada", daí o nome) são acontecimentos muito recentes. Na Europa e nos Estados Unidos, afirmam tais estudiosos, esse processo só se efetivou a partir do século XVIII e, no Brasil, só no século XX. Diante dessas constatações, é correto dizermos que na Antiguidade não havia individualismo e privacidade modernos, o que não significa que não houvesse distinção entre público e privado. Ou seja, havia tais diferenças, mas não do modo como conhecemos hoje.

Na Grécia antiga, havia sim uma distinção clara e particular entre a vida pública e a vida privada. A vida pública era essencial, até mesmo para a definição da identidade das próprias pessoas. A cidade era o elemento central e o próprio ser humano era definido como aquele que vive na cidade.

Aristóteles disse que o homem é um animal político, ou seja, "que vive na *pólis*". A *pólis*, ou cidade-Estado, era o cerne da civilização grega e seus habitantes eram chamados de *politai*, "cidadãos", aqueles que vivem na *pólis*, embora nem todos os moradores da cidade fossem juridicamente considerados cidadãos. A vida em sociedade implicava a participação nos assuntos da cidade, *politeia*, termo que significa tanto "assuntos da cidade" como "constituição" e "república", ou seja, tudo que se referia à vida em cidade.

Os homens que participavam dos "assuntos da cidade" acabavam por dedicar-se pouco à vida familiar, mais relacionada às mulheres. A vida pública compreendia a participação em assembleias e no exército. Os camponeses eram também soldados, trabalhavam a terra a maior parte do ano e iam à guerra no verão. Mulheres e crianças não eram cidadãos e, nesse sentido, não faziam parte da vida pública. Tampouco participavam dela os estrangeiros residentes na cidade, muito menos os escravos.

Em termos topográficos, a cidade era composta de partes: uma parte alta, uma planície, uma muralha e uma parte rural. Tudo isso era considerado a cidade, e cada parte tinha um significado especial. A Acrópole, em uma colina, era o ponto mais alto, "próximo ao céu", onde estavam localizados os lugares sagrados e cívicos, como os templos e o conselho de anciãos. A parte alta representava a própria cidade, como um todo, por ali estarem os edifícios mais importantes, como no caso da Acrópole de Atenas e seu templo, o Parthenon, monumento em que se exaltavam os deuses e o patriotismo. A parte baixa da cidade era chamada de *ásty* e era o local em que ficava o mercado, uma grande praça, em grego *Ágora*, na qual eram feitos negócios e onde o povo se reunia. Cercando as duas partes, Acrópole e Ágora, uma muralha protegia a zona urbana da cidade, o refúgio de todos os cidadãos em caso de ameaça externa. Ao seu redor, estava a *khora*, o campo, onde ficavam as propriedades rurais e viviam os camponeses. Todo esse conjunto era então a *pólis*. (Fica claro, portanto, que *pólis* não é, simplesmente, cidade, no sentido atual da palavra. Para nós, cidade faz parte de um estado e este de um país, mas nada disso faz sentido quando aplicado à Antiguidade.)

Parthenon (construído entre 447 e 438 a.C.), localizado na Acrópole da cidade de Atenas.

Os regimes políticos na Grécia como um todo variavam, pois cada cidade tinha suas tradições, o que chamavam de *patrios politeia*, "tradições ancestrais". Neste livro, apresentei duas cidades mais conhecidas, Atenas e Esparta, mas não se esqueça de que cada cidade, maior ou menor, tinha sua própria constituição. Contudo, algumas características podem ser lembradas. Em geral, havia uma distinção entre o direito divino, aquilo que havia sido estabelecido pela tradição e que "os homens não podiam mudar", a *thêmis* (é o caso das regras de caráter social e familiar, como os interditos de incesto) e as leis, chamadas de *nomoi*, "feitas pelos homens", sobre a vida em sociedade, a comunidade (*koinonia*). Também era comum haver diferenças de *status* entre os bem-nascidos, *eupátridas*, e os outros cidadãos, e distinções entre funções exercidas pelas pessoas que participavam do conselho de anciãos, da Assembleia popular e da magistratura.

A privacidade na Grécia antiga era muito diversa da nossa, como já vimos. Havia, entretanto, diferenças muito grandes entre o estilo de vida da elite e o dos humildes camponeses. Estes últimos – a grande maioria da população – viviam numa grande simplicidade, em famílias nucleares – compostas por pai, mãe e filhos em que todos trabalhavam para garantir a sobrevivência da família. Também nas cidades havia artesãos e outros tipos de trabalhadores, cuja vida envolvia grande dedicação à labuta, pouco conforto material, roupas simples e leves, alimentação frugal.

Já a minoria de proprietários rurais e de cidadãos com mais recursos econômicos vivia com grande sofisticação. Promoviam grandes banquetes, com muita comida, vinho, declamações, discussões políticas e filosóficas. O centro da vida na elite estava na casa, *oikos*, em grego. No entanto, os "homens de bem" viviam, antes de tudo, para a vida pública, para o ócio. (Esse ócio, contudo, nada tem a ver com a nossa noção do termo. Nosso conceito de ócio surgiu no século XVIII, no início da industrialização. Quando os artesãos e os camponeses começaram a perder seus meios de trabalho, tornando-se "trabalhadores assalariados", ou seja, donos apenas de sua própria força de trabalho, sem que pudessem continuar a executar suas funções de forma autônoma, surgiram as massas urbanas. Passaram a trabalhar nas indústrias nascentes e, somente aí, nasceu o conceito que temos de ociosidade: o tempo livre do trabalho assalariado. Para evitar os supostos malefícios desse ócio, tido pelos burgueses como vagabundice, surgiu a ideia de ociosidade como "tempo perdido" e, pois, tempo desperdiçado. Disso derivam noções atuais, como quando se diz que a ociosidade leva ao vício ou, na melhor das hipóteses, à estagnação. A ideia de ociosidade dos gregos da elite era muito diversa dessa.) Ócio entre os gregos era um conceito, de origem aristocrática, que implicava, precisamente, a liberdade, *eleutheria*, que advém de não se ter obrigatoriamente que trabalhar. Mas liberdade para quê? Liberdade para participar da vida pública e para refletir sobre o mundo, para flanar, para dedicar-se a discussões estimulantes. A palavra que os gregos usavam, *skholé*, originou "escola", e o nexo entre nossa escola e o ócio grego está, justamente, nessa oportunidade de refletir, de poder pensar, que deveria estar no centro da instituição de ensino. (Deveria, pois a palavra "escola", hoje, está muitas vezes longe de significar "espaço de reflexão", não é?) Para os gregos, essa importância da oportunidade de reflexão pode ser avaliada por um texto de Aristóteles:

> [...] convém considerar que a felicidade não está na posse de muitas coisas, mas no estado em que a alma se encontra. Poder-se-ia dizer que é feliz não um corpo com uma bela roupa, mas aquele que é saudável e está em bom estado, ainda que despido. Da mesma forma, a uma alma, se está educada, a tal alma e a tal homem se há de chamar de feliz, não se ele está com adornos externos, não sendo digno de nada.

Felicidade, eis uma palavra que pouco associamos à escola hoje, mas que estava no centro da *skholé* dos antigos.

A SEXUALIDADE GREGA

Não é só com relação ao ócio que devemos lembrar que os antigos tinham outros conceitos que não os nossos. *Sexualidade* é uma noção inventada modernamente e refere-se à maneira como se expressam as relações entre os sexos e os seus desejos. Amor e sexualidade frequentemente estão ligados um ao outro e, no mundo ocidental em que vivemos, não se podem separar essas questões de dois aspectos que não existiam na Antiguidade grega: a herança judaico-cristã e o discurso científico surgido no século XIX.

No primeiro caso, as relações sexuais ligam-se tradicionalmente às noções de culpa e pecado, de abstinência e controle dos desejos, considerados, de uma maneira ou de outra, relacionados às forças do demônio. A noção de pecado original é muito importante, pois se associa a queda do homem do Paraíso à descoberta da nudez e, portanto, da sexualidade. Segundo o Gênesis (3, 6-7):

> Viu, pois, a mulher que o fruto da árvore era bom para comer e formoso aos olhos e de aspecto agradável; e tirou do fruto dela e comeu; e deu a Adão, que também comeu. E os olhos de ambos se abriram: e, tendo conhecido que estavam nus, coseram folhas de figueira, e fizeram para si cinturas.

No cristianismo tradicional, justifica-se a relação sexual apenas e tão somente para a reprodução e, por isso, o casamento foi, durante muitos séculos, algo somente tolerado pela Igreja. O protestantismo, que viria a abençoar a procriação, seguia uma tradição também presente na Bíblia, segundo a qual o homem devia "crescer e multiplicar-se". Contudo, mesmo aqui, justifica-se a relação sexual apenas na busca da procriação. Isso não significa que não tenham existido sempre muitas práticas diversas dessas aqui expostas, mas o que importa é que havia um padrão moral que, ao não ser seguido, implicava uma sanção externa, por parte das autoridades eclesiásticas, mas também sanções internas. A internalização da culpa associada ao sexo fez com que, ainda que o comportamento fosse muito diverso, o sentimento de culpa fosse muito forte. A partir do século XIX d.C., houve um crescente interesse do homem pelo estudo das ciências, e a sexualidade humana passou a ser considerada algo não do reino divino, mas do animal. A inserção do ser humano no reino animal foi capital para se encarar a sexualidade como instintiva e, em muitos aspectos, semelhante àquela dos outros animais. Retirada, aparentemente apenas, a culpa, a sexualidade passou a ser considerada algo cientificamente estudável. Alguns estudiosos levaram essa perspectiva aos extremos de quantificar tudo o que se refere ao sexo: quantas relações sexuais por semana, quanto tempo leva cada uma, qual o número de parceiros, qual o sexo dos parceiros. Criaram-se, então, conceitos novos, como o de "homossexualidade", tal como o usamos no dia a dia, ou seja, aplicado a pessoas que se relacionam com outras do mesmo sexo. Com o tempo, e como decorrência, surgiram conceitos como "heterossexualidade" e "bissexualidade". O que nos interessa é que, hoje em dia, somos herdeiros de duas concepções bastante diversas de sexualidade: aquela tradicional, ligada às sanções morais da religião, e a abordagem derivada da ciência. Para que entendamos como era a sexualidade grega, temos que nos despir dessas duas concepções que não existiam no mundo grego.

As relações sexuais entre os humanos não existem fora da cultura e, por isso mesmo, nunca poderíamos pensar em relações sexuais "segundo os instintos animais", pois esses instintos, que existem, só se expressam em contextos específicos. Isso fica claro por uma analogia com outro instinto, a fome. O substrato instintivo da fome só pode se manifestar em desejos impostos por uma cultura determinada. Feijoada, hambúrguer e chucrute são maneiras muito diversas de matar a fome, e a cultura definirá qual delas nos satisfaz. No caso das relações sexuais, o mesmo se passa, ainda que não o notemos tão facilmente. Hoje em dia não estamos acostumados com casamentos arranjados, mas sabemos que existem em muitos países. Tampouco é legal a poligamia no Ocidente, mas é algo aceito em outros lugares, como em alguns países muçulmanos. (Quem já não ouviu falar em "harém"?)

Após esse longo preâmbulo, podemos chegar aos gregos. Já mencionei que, nas elites, os casamentos eram arranjados e não ocorriam, portanto, por amor, tal como nós o concebemos, entre duas pessoas que, por comunhão de ideias e de atrações, namoram e se casam. A própria ideia de beleza feminina era completamente diferente da nossa. Em primeiro lugar, os maridos gregos procuravam nas mulheres a perfeição física, ou seja, a ausência de defeitos aparentes e, em seguida, uma robustez que permitisse antever bons partos. Pele clara também demonstrava a beleza, significando que a mulher não era obrigada a se expor ao sol para o trabalho e ficava reclusa no gineceu, como eram chamados os aposentos femininos. A timidez era também considerada uma qualidade para uma boa esposa. Na escolha dos futuros maridos para as filhas, a força era valorizada, mas eram mais ainda a coragem do candidato e sua inserção social, sua posição. Isso tudo se dava entre a gente "de bem", pois, para a imensa maioria de cidadãos mais simples, o casamento, mais do que uma união de famílias e de propriedades, era uma maneira de conseguir sobreviver trabalhando em conjunto.

Cena de gineceu: três moças tomando banho

Na elite, o sistema familiar era patriarcal e fortemente limitador da liberdade das mulheres. Um de seus traços mais marcantes era a separação muito clara entre o mundo feminino e o masculino, aquele voltado para a casa e para a reprodução e este para a vida em sociedade.

Desde tempos antigos, antes do uso da escrita alfabética, na sociedade homérica, já existia entre os gregos o conceito de "amor nobre", aquele entre homens. Isso mesmo, "nobre", porque baseado nas afinidades de ideias, na relação de aprendizado, a chamada pederastia. Esse nome indica que se trata de uma relação "pedagógica", ou seja, de educação, de uma relação entre professor e aluno. (Em grego, menino é *paidos*, palavra da qual derivam pederastia e pedagogia.) Havia, pois, relações sexuais e amorosas entre adultos e meninos imberbes sem que, no entanto, houvesse a culpa (que, como vimos, se origina do cristianismo), ou a "homossexualidade", no sentido de relação exclusiva entre homens. Esses homens, em primeiro lugar, eram considerados homens, não eram classificados como outra categoria, como hoje seriam os *gays*. Em segundo lugar, esse tipo de comportamento era generalizado entre a elite grega e não era exceção, era a regra. Por isso mesmo, os romanos se referiam ao amor entre homens como "amor à grega". Em terceiro lugar, esses homens não deixavam de se relacionar com mulheres; antes do casamento, mantinham relações com as hetairas, "companheiras" de banquetes, que, obviamente, não seriam as esposas legítimas.

Nesses banquetes, comia-se, bebia-se e, principalmente, conversava-se, filosofava-se, mas havia também relações sexuais que envolviam tanto homens entre si como homens com as hetairas, enfim, verdadeiras orgias. Um trecho de um poema de Alceo é claro a esse respeito: "Que alguém me traga o belo Menón, se querem que eu desfrute o banquete".

Os homens casados não deixavam de se preocupar com a reprodução da família. Porém, podiam, ainda, manter relações sexuais com os escravos, homens ou mulheres.

Havia, pois, na Grécia antiga, diversos tipos de relações sexuais e amorosas concomitantes e socialmente bem-aceitas.

Já disse que os gregos não sentiam culpa, nem encaravam o sexo como algo cientificamente analisável: para eles, o sexo era algo ligado à natureza das coisas e, portanto, às forças divinas. Não é à toa que acreditassem em diversos deuses relacionados à sexualidade e ao amor: Afrodite, a Vênus dos romanos, era, sem dúvida, considerada a deusa mais importante. Por isso mesmo, a palavra para designar as relações amorosas era, em geral, *aphrodisia*, "o que está sob domínio de Afrodite".

Escultura do século III a.C. em terracota, representando Afrodite, a deusa do amor.

Nem todos se comportavam sexualmente da mesma forma. A imensa maioria de camponeses não participava da cultura sexual da elite, embora, mesmo entre eles, não houvesse qualquer reprovação moral às eventuais relações sexuais entre pessoas do mesmo sexo, já que, como se disse, o desejo sexual era tido como algo divino.

Havia, entretanto, críticas sociais a dois tipos de comportamentos gerados, em ambos os casos, pelo que era considerado descontrole. Deixar-se levar pelos desejos sexuais, caso isso implicasse atitudes consideradas pouco apropriadas, como uma paixão incontrolável, era condenado. Nesse caso, a reprovação poderia recair também sobre o amor desenfreado por alguém de outro sexo, mas isso era menos provável, tendo em vista as distâncias intelectuais entre homens e mulheres. Um segundo comportamento moralmente condenável era o descontrole que levava, no homem, aos modos efeminados, considerados falta de moderação.

A RELIGIÃO E SEUS MITOS

A religião grega era um importante fator de unidade com relação a cidades com instituições e costumes tão diversos. No corpo dessa religião, entretanto, existiam muitas crenças, que variavam com o tempo e de local a local, já que não havia livros sagrados definitivos, como a Bíblia, nem um clero organizado. Contribuições de populares, poetas, artistas, para o livre desenvolvimento das crenças, imagens e cultos foram significativas e caracterizaram a religiosidade grega.

As fontes e a riqueza dessa religião, cujos *deuses* eram bastante próximos aos homens e à terra, estavam na vida concreta e cotidiana dos gregos que acreditavam que Zeus estava presente nas chuvas, Hermes acompanhava as viagens, Deméter determinava a sorte dos campos e Posseidon comandava os humores dos mares. Para os gregos, os deuses interferiam de forma direta na vida dos homens, humildes mortais, comandando a natureza, participando na vida de cada ser humano, zangando-se, premiando, retribuindo, manifestando-se sempre, por meio de trovões, sonhos, sortes e azares. Outras entidades mitológicas – *ninfas, monstros, sereias, faunos* – estavam, também, sempre presentes e atuantes no cotidiano dos humanos: assustadoras ou brincalhonas, nocivas ou amistosas. A proteção e a segurança dos *gênios domésticos* e dos *espíritos* acompanhavam os crentes, e a inspiração das *musas* permitia que alguns afortunados pudessem dedicar-se às artes com sucesso.

Com relação a cultos e ritos, podemos dizer que ocorriam em dois níveis distintos: o doméstico e o público. Os cultos e os rituais religiosos domésticos eram variados e correspondiam aos sentimentos mais íntimos, desenvolvendo-se com mais liberdade, enquanto os públicos eram estatais, tinham um nítido caráter oficial, representavam, mais do que sensações pessoais, o espírito cívico e patriótico e, portanto, evoluíam em suas formas mais lentamente.

Os deuses e os heróis gregos eram muito diferentes da noção que nós, herdeiros da tradição hebraica e cristã, temos de Deus. Segundo a Bíblia, base dessa tradição, os homens foram criados à semelhança de Deus e esse Deus é, também, único. Os homens, por terem se distanciado da perfeição divina, tornaram-se cheios de desejos e, consequentemente, de insatisfações e imperfeições. Os homens têm sentimentos, como o amor e o ódio, dizem a verdade e mentem, nascem, crescem e morrem. Nada disso acontece com Deus, o Todo-Poderoso, que serve de modelo para o homem, com a perfeição que não é abalada pelos sentimentos humanos. A própria representação de Deus como um ser humano é rara hoje em dia, e, quando ela é feita, é encarada como uma simples metáfora, já que se acredita que Deus não pode ser apenas como um simples homem.

Para entendermos os deuses da Grécia, temos que nos despir dessas ideias da tradição judaico-cristã, pois, para os gregos, os deuses comportavam-se exatamente como os homens, em tudo semelhantes. O que definia e distinguia um deus era principalmente sua imortalidade. Aos seus deuses, os gregos atribuíam uma forma e sentimentos humanos. Os deuses comportavam-se de maneira semelhante aos homens, entretanto, não adoeciam nem envelheciam, eram imortais além de muito mais poderosos, embora, por vezes, pudessem se aliar aos homens para demonstrar seus poderes ou atingir determinados objetivos. Os deuses podiam ser personificações de sentimentos, como é o caso do Amor (Afrodite), ou de conceitos, como era o caso da deusa do Destino (chamada de Fortuna pelos latinos). Além disso, os gregos atribuíam à ação dos deuses muitos dos fenômenos da natureza que não conseguiam explicar por outros meios, como a ocorrência de tempestades ou de doenças.

Aos seus deuses, os gregos também reputavam histórias, aventuras, narrativas fantásticas – os mitos – que eram passadas, oralmente, de geração

62 GRÉCIA E ROMA

a geração. A própria palavra "mito" significa "relato" e não tinha o sentido de história fantasiosa que adquiriu posteriormente. Ao contrário, acreditava-se que os mitos eram relatos que provinham dos antepassados e, por isso mesmo, eram aceitos como acontecimentos de um passado distante. Com o passar do tempo e o desenvolvimento da escrita, depois de muitos séculos de transmissão oral, os mitos foram registrados por escrito, redefinidos, aprimorados, seus personagens tornaram-se figuras esculpidas em mármore ou solidificadas em bronze – fixando-se, a partir de então, o que antes era um emaranhado confuso e pulsante de imagens, crenças, narrativas e cultos originários de tradições indo-europeias, cretenses e asiáticas desenvolvidos ao longo do tempo. Entretanto, os mitos não deixaram de evoluir e modificar-se durante todo o período de existência da civilização grega.

Os mitos, para nós, servem como importante fonte de conhecimento sobre o pensamento grego e as características de seu culto. Além disso, embora muitas das histórias dos heróis e suas aventuras sejam imaginárias, revelam aos historiadores, também, como os gregos se relacionavam com a natureza, suas ocupações, seus instrumentos, seus costumes e os lugares que visitaram e conheceram. Os mitos servem, também, para que possamos entender melhor a nós mesmos. Por quê? Por tratarem de sentimentos humanos, como o amor e o ódio, a inveja e a admiração e, muitas vezes, traduzirem ou procurarem responder a indagações morais e existenciais que rondam a mente humana. Por isso, ainda hoje, essas histórias mitológicas gregas falam à nossa sensibilidade, milhares de anos depois. A maneira de tratar as questões e os sentimentos humanos mais profundos continua atual, suas narrativas ainda nos emocionam.

A mitologia também explicava aos gregos a origem do universo. No começo, havia o Caos, ou Vazio, do qual saíram Urano (Céu) e Gaia (Terra), e de sua união surgiram os Titás e as Titanesas. De todos os Titás, o mais importante para o desenvolvimento do mundo foi Cronos (Tempo), o caçula. Cronos, com uma foice, cortou os testículos de seu pai Urano e o sangue da ferida caiu sobre Gaia, fecundando-a. Cronos era violento e devorava seus próprios filhos, tidos com a Titanesa Reia. Mas, por artimanha da mãe, que lhe deu uma pedra no lugar de Zeus (chamado de Júpiter pelos romanos), este pôde crescer e, ao final de uma longa luta, conseguiu destronar Cronos que foi mandado para o Tártaro.

Os três grandes deuses eram, então, Zeus (no Olimpo), Posseidon (nos Mares) e Hades (no mundo inferior, "Inferno"), que passariam a governar o céu e a terra, o mar e o reino dos mortos, respectivamente. As divindades descendentes de Zeus são aquelas que governarão diversos aspectos da vida: Afrodite (Vênus), deusa da beleza e da fertilidade; Apolo (Febo), deus das artes; Ártemis (Diana), deusa da caça e da castidade; Hefesto (Vulcano), deus do fogo; Ares (Marte), deus da guerra; Hermes (Mercúrio), deus da fertilidade e do comércio; Dioniso (Baco), deus do vinho.

Os grandes deuses gregos que habitavam o alto do monte Olimpo descendiam de Cronos e formavam uma "família" em torno do chefe Zeus, com seus irmãos, Posseidon e Hermes: suas irmãs Héstia, Deméter e Hera; e seus filhos Apolo e Atena, entre outros.

Por aí vemos que, para pensar seus deuses, os gregos utilizavam categorias presentes em sua experiência do dia a dia, bem conhecidas; os deuses viviam, organizavam-se como os humanos! Nessa comunidade divina, cada um desempenhava um papel, detinha determinados poderes, pairava sobre certos domínios: Zeus dominava os céus; Hades, o mundo dos mortos; Héstia, os lares; Deméter, os grãos e as terras cultivadas; Apolo, a medicina, a música e a poesia; Afrodite, os amores e a fecundidade; Atena, a razão, a sabedoria; Ares, a guerra; Dioniso, a vegetação.

Além dos deuses, os gregos acreditavam, também, nos heróis, personagens humanos que a certa altura se imortalizavam, transformados em semideuses e sobre os quais muitas aventuras eram contadas.

Um dos mitos mais populares na Grécia dizia respeito a um herói, Héracles, conhecido pelo nome latino de Hércules. Todos conheciam *Os doze trabalhos de Héracles*; o relato diz que um enorme leão atacava pessoas e animais, e sua pele era tão dura que as lanças não conseguiam perfurá-la. Héracles derrubou um carvalho e fez uma clava tão pesada que nem 20 homens conseguiriam alçar. Entrou na caverna em que se abrigava o leão e, atacado, abateu-o com a clava e o estrangulou com suas próprias mãos. A partir daí, passou a usar a pele do leão como armadura e capacete. Hidra, uma serpente de nove cabeças e com uma pele brilhante que vivia em um pântano, costumava rastejar para fora do alagado e comer rebanhos inteiros de gado. Héracles decidiu lutar contra a Hidra, mas, conforme cortava uma cabeça, surgiam duas novas para substituí-

64 GRÉCIA E ROMA

las. Então, Héracles pediu que seu ajudante queimasse as cabeças que caíam por terra, o que fez com que novas cabeças parassem de crescer, podendo, assim, matar o monstro. O rei Augeas possuía cinco mil touros, mas ninguém limpava o estábulo e ele já estava cheio de estrume, quando Héracles prometeu limpá-lo em um único dia. Enquanto Augeas estava em um banquete, Héracles represou dois rios que passavam perto do lugar e direcionou a água armazenada para o estábulo, limpando-o. Héracles, então, viajou para longe, a fim de trazer maçãs douradas que cresciam em um jardim muito a oeste da Grécia. Era lá, segundo as crenças gregas, que o céu se encontrava com a terra e onde Atlas segurava nas costas os céus, uma enorme abóboda que cobre a terra. Atlas era um poderoso titã e é desse mito que deriva o nome do oceano Atlântico. Também "oceano" é um nome grego. Enquanto Atlas pegava as maçãs para Héracles, este segurava os céus em seu lugar. Era tanto o peso que suas pernas se afundaram no chão até os joelhos e o suor corria por todo o seu corpo. Por essas e outras histórias, os gregos cultuavam Héracles como grande trabalhador e o consideravam um antepassado de quem deviam ter orgulho.

Alto-relevo em mármore (27 a.C.-68 d.C.) com a imagem de Héracles carregando o javali de Erimanto, um de seus 12 trabalhos.

Os Jogos Olímpicos

Em honra a Zeus, os gregos celebravam os Jogos Olímpicos a cada quatro anos, na cidade de Olímpia, com duração de cinco dias. Havia duas partes: oferendas e competições. No início, a disputa era uma simples corrida em um estádio, mas, a partir de 724 a.C., foi acrescentada uma corrida de ida e volta e, em 708 a.C., introduziu-se o pentatlo, com cinco modalidades: salto, corrida, arremesso de disco, luta e lançamento de dardo. Em 680 a.C., começaram as corridas de carros. Com o tempo, outras modalidades, como diversos tipos de corrida, foram sendo incluídas.

Nas Olimpíadas, podiam competir todos os gregos livres de nascimento que não tivessem tido algum tipo de condenação, estando excluídos, portanto, os escravos e os bárbaros, além das mulheres, que não apenas eram impedidas de disputar como também de assistir aos jogos, com a única exceção da sacerdotisa de Deméter. Os Jogos continuaram a ser celebrados até 494 d.C. e, quando a Grécia passou a ser dominada pelos romanos, também puderam competir os cidadãos de Roma. Ao final da competição, todos os vencedores, com suas coroas de louros, ofereciam sacrifícios a Zeus, ao que se seguia um banquete, ao som de um canto especialmente composto para a ocasião por algum poeta renomado e interpretado por um coro.

O PENSAMENTO RACIONAL

Com tantos mitos, como os gregos chegaram ao pensamento racional, aquele que explica o mundo pela faculdade que tem o ser humano de avaliar e julgar? Essa deve ser uma pergunta na cabeça do leitor. Afinal, estamos acostumados a separar ciência e religião, crença e experiência. Para nós, essas distinções talvez façam sentido, mas não para os gregos. Não há entre eles um rompimento radical entre o pensamento mitológico e o pensamento racional, como veremos adiante.

Razão era um conceito essencial que os gregos estudaram a fundo. Razão em grego era *logos*, palavra derivada do verbo *legein*, que quer dizer "juntar" e, daí, "dizer" e *logos* significam, ao mesmo tempo, "palavra", "discurso" e "razão". *Logos* significa tantas coisas, não é mesmo? Perceba como as palavras possuem muitos sentidos e, quando as traduzimos, acabamos por privilegiar apenas um aspecto.

A Filosofia começou ocupando-se do problema da origem do mundo e da verdadeira realidade, da unidade por detrás das aparências. Desde o século VI a.C., uma série de pensadores, na Jônia e na Magna Grécia, começaram a se ocupar desses temas. No período arcaico (VII e VI a.C.) – uma época em que as cidades asiáticas ocupadas pelos gregos, como Mileto e Éfeso, prosperavam com o comércio externo –, houve grande intercâmbio de ideias decorrente do contato com o Egito e a Mesopotâmia. Os marinheiros e os negociantes que chegavam do Oriente traziam consigo não só mercadorias exóticas, como também narrativas, tradições e conhecimentos técnicos observados em outras terras, desenvolvidos ao longo de séculos por outros povos. Na Jônia, certos homens, ativos, interessados, práticos, souberam aproveitar-se de tais novidades para analisar, classificar, criticar, criar, avançar. Foi então que surgiu o pensamento racional e a Filosofia, definida como o estudo caracterizado pela intenção de ampliar a compreensão da realidade. Nesse contexto, pensadores como Tales, de Mileto, Pitágoras, de Samos, e seus seguidores determinaram os princípios da Geometria; Hecateu, de Mileto, desenvolveu a Geografia, entre outros pensadores. Explicar o mundo com base na razão, deixando de lado deuses, mitos e acasos mágicos, procurando identificar princípios, estabelecer uma ordem para os fenômenos naturais e sociais a partir da reflexão sobre a experiência cotidiana foi uma preocupação que começou a ocupar as mentes de alguns homens inquietos e criativos.

Para alguns filósofos, tudo nasceu de um princípio único, com a água para Tales, o indefinido e o limite para Pitágoras, o uno e a razão, para Heráclito (de Éfeso), o amor e a discórdia, para Empédocles, a matéria e o espírito, para Anaxágoras, os átomos e o acaso, para Demócrito. Tales é um bom exemplo da originalidade dos filósofos gregos, pois foi influenciado por egípcios e mesopotâmicos e sua ênfase religiosa na água para afirmar que "no princípio era a água", mas, a partir daí, formulou, de forma original, os princípios do que viria a ser a Geometria abstrata.

Com especulações como essas nasceu a ciência grega, que buscava a unidade e a regularidade sob a aparência de multiplicidade e confusão, propondo o estabelecimento de leis que explicassem o funcionamento do universo.

Essas ideias afetaram a própria definição de homem, considerado aquele que pode conhecer e cuja alma (*psykhé*) era tida como composta de razão (*logos*) e espírito (*nous*). Esse modo de pensar marcou uma mudança importante, ao centrar a atenção na capacidade de pensamento e explicação dos homens, sem depender, de forma direta, dos deuses. Essa pode ser considerada uma das mais importantes contribuições gregas para a cultura da humanidade.

Alguns desses pensadores chegaram a contestar a própria validade da mitologia antropomórfica, com seus deuses em forma humana, como foi o caso de Xenófanes:

> Homero e Hesíodo atribuem aos deuses comportamentos reprováveis entre os homens, como o roubo, o adultério e o engano de uns aos outros. Os mortais imaginam que os deuses nasceram, têm roupas, voz e aparência humana como eles mesmos. Assim, os etíopes dizem que seus deuses são negros, enquanto os deuses trácios têm olhos azuis e cabelos ruivos. Mas, na verdade, existe apenas um deus, o maior entre deuses e homens, não parecido com os mortais, nem em seu corpo, nem em seu pensamento.

Essas ideias possuem um potencial revolucionário e libertador incrível, pois o homem está colocado no centro das atenções, não mais dependendo, de forma passiva, dos deuses. Além disso, dão a entender que são os homens que "criam" os deuses à sua imagem e semelhança, não o contrário.

Tantos séculos depois, muita coisa já foi dita sobre como teria surgido o pensamento racional na Grécia. Os estudiosos até os dias de hoje apresentaram diversas interpretações. É mais ou menos consensual que o pensamento filosófico tenha surgido na Jônia, no século VI a.C., e teria sido na Escola de Mileto que, pela primeira vez, o *logos* ter-se-ia diferenciado das explicações mitológicas reportadas pela tradição imemorial. A partir daí, as análises diferem. Alguns viram no fenômeno do surgimento da ideia de *logos* uma ruptura radical entre duas formas distintas e irreconciliáveis de pensamento, o mítico e tradicional e o pensamento racional que se centra na própria capacidade cognitiva do ser humano. Para isso, esses estudiosos deram o nome de "milagre grego", pois o *logos* haveria surgido sem pais, num começo absoluto e inovador. Nessa perspectiva, o homem grego estaria predestinado a ser superior a todos os outros, por ter introduzido a razão e, portanto, *o próprio homem como medida das coisas*. Todo o Ocidente seria, portanto, herdeiro dessa superioridade milagrosa. Essa é uma visão muito equivocada, não é mesmo? Milagre não é explicação...

Nos últimos decênios do século XX, essa visão começou a ser criticada, por diversos motivos. Em termos políticos, essa suposta superioridade grega e ocidental implicaria uma visão pouco atenta às contribuições culturais de tantos povos e civilizações, do passado e do presente. Já mencionei a importância dos fenícios e do seu alfabeto, lembrei também a contribuição egípcia e mesopotâmica. O esquecimento disso tudo não é casual. O uso dessa interpretação pelos nazistas, que se puseram, em certo sentido, como herdeiros dessa "superioridade" grega, expôs o caráter arbitrário e perigoso dessas ideias. Quando se diz que o "Ocidente é herdeiro da superioridade grega", esquece-se da base judai-co-cristã desse mesmo Ocidente e, mais do que isso, considera-se, como fizeram muitos preconceituosos, que o pensamento semita de judeus era irracional, inferior, a ser eliminado. Tudo isso se liga, ainda, ao racismo e às catástrofes produzidas por essas visões durante o período nazista, levando ao descrédito dessas interpretações.

No estudo da própria Filosofia grega, também, os estudiosos começaram a questionar a possibilidade de um pensamento racional criado *ex nihilo*, no vácuo. Pesquisadores sérios mostram-nos que a Física jônia – sem experimentação ou observação direta da natureza – nada tinha em comum com a ciência positiva do século XIX d.C. Na verdade, a Filosofia grega transpunha, de forma laica e abstrata, o mesmo sistema de representação do mundo que a mitologia havia transmitido. Por trás dos elementos citados estavam as divindades. Zeus era o fogo, Hades, o ar, Posseidon, a água, de modo que a Filosofia de Anaximandro não está assim tão distante da *Teogonia* de Hesíodo. Além disso, a própria mitologia grega, que se pensava ser puramente grega, tem se mostrado, segundo esses novos estudos, muito mais ligada ao Egito e à Mesopotâmia do que se supunha. Assim, viu-se que tramas olímpicas tiveram suas origens em plenas margens dos rios

Tigre e Eufrates. Conclusão: os gregos forjaram uma cultura própria, mas não deixaram de ser influenciados por outros povos e culturas, e qualquer tentativa de transformá-los em super-homens deve ser rejeitada, ainda mais sabendo que usos e abusos são possíveis, sempre que se fala em "superioridade" de certos homens ou culturas.

Já disse que religião e razão não existiam separadamente. Os filósofos jônios seguiam uma tradição mitológica, baseada nas noções de unidade primordial, luta e união incessante dos opostos, mudança cíclica eterna. O que há de novo na Filosofia consiste, justamente, na humanização, na passagem dos relatos recebidos da mitologia para sua explicação pelos homens. A grande novidade da Filosofia consistiu em *analisar a razão das coisas, à luz da experiência cotidiana, sem muita consideração pelos antigos mitos.* Essa passagem não é resultado de um "milagre" inexplicável, mas se liga às diferenças entre a sociedade dos relatos mitológicos e o mundo das cidades, das *poleis.* Ou seja, foi a nova vida material e cultural nas cidades, com suas novas relações sociais, que propiciou o desenvolvimento de uma nova forma de pensar sobre o mundo. Na mitologia, os deuses espelham um mundo de reis e nobres, e o Olimpo é imaginado à imagem da sociedade aristocrática. Nas cidades gregas, surgem novas formas políticas, o antigo poder real desaparece. O próprio nome para designar o rei, *basileus,* é abandonado e as antigas explicações perdem parte de seu sentido. Chuvas, ventos, tempestades, raios, antes manifestações do poder real/divino, puderam passar a ser fenômenos explicáveis pelo homem, problemas a serem discutidos pelos homens. A cidade, por sua parte, torna-se o lugar da discussão, na medida em que os homens se reúnem para tratar dos seus assuntos, não para obedecer ao soberano. Não são mais súditos do rei, submetidos à sua vontade, mas sujeitos de seu próprio discurso em praça pública, de seu *logos.* Se dos tempos aristocráticos se mantêm *themis* e *thesmos,* as determinações divinas, introduzem-se, agora, os *nomoi,* as regras ou leis estabelecidas pelos próprios homens. Isso permite que a nascente Filosofia apresente duas características essenciais: um pensamento que prescinde do divino e que é abstrato. Não é, portanto, à toa que, mais adiante, no século IV a.C., Aristóteles defina o próprio homem como aquele que vive na *pólis,* e que boa parte das reflexões filosóficas centre-se sobre a cidade e a vida pública.

70 GRÉCIA E ROMA

Viajando de cidade em cidade, desde o século VI a.C., expondo suas ideias, os filósofos sofistas queriam criar um homem senhor de si pela razão, distanciando-se da religiosidade tradicional. Protágoras escreveu um tratado que começava dizendo que com relação aos deuses não se sabe se existem ou não. Para os sofistas, os homens têm como característica comum a razão e, graças a ela, podem persuadir-se uns aos outros. Para os sofistas, portanto, não há verdades absolutas: há opiniões mais ou menos corretas e práticas, e o homem que for dotado de mais capacidade racional e melhor educação triunfará sobre os menos aptos. A isso chamam fazer com que se torne forte um argumento frágil, mas nunca se trata de defender valores ou verdades absolutas. Para Protágoras, "o homem é a medida de todas as coisas". Os sofistas criticam, assim, os valores tradicionais e os condicionamentos religiosos. (Até hoje, a ousadia dos sofistas chama nossa atenção. Lembro-me bem da impressão que me causaram os sofistas criticados por Platão, quando lia suas ideias reportadas por esse mesmo filósofo, porque começava a perceber que sempre há argumentos para defender determinada ideia. Hoje em dia, isso é muito importante também, pois somos constantemente bombardeados com discursos a favor disso ou daquilo, formulados por modernos sofistas, os publicitários, que pouco se importam com o conteúdo, defendendo qualquer ideia. Podem fazer uma propaganda de cigarro e, em seguida, outra contra o fumo!)

Sócrates, Platão, Aristóteles

Onde, na Grécia antiga, poderiam ter prosperado as ideias filosóficas mais revolucionárias? Não por acaso, foi a Atenas democrática que produziu Sócrates, Platão e acolheu Aristóteles, filósofos que procuravam a verdade e podiam criticar os supersticiosos, preconceituosos e poderosos (à diferença dos sofistas, que defendiam qualquer argumento).

Sócrates é conhecido apenas de forma indireta, pelos escritos de seus discípulos Platão e Xenofonte. Sócrates não era um viajante como os sofistas, mas um autêntico ateniense. Encarou a crise de valores em sua cidade, principalmente à época da Guerra do Peloponeso (431-404 a.C.), pois a antiga religião, assim como as normas de conduta tradicionais estavam desprestigiadas. Sócrates observava que a busca de poder e de riqueza assume formas extremas, às vezes justificadas com argumentações filosóficas. Criticou a política ateniense, em que atuavam pessoas despreparadas e na qual a retórica estava a serviço do engano, assim como combateu o relativismo sofístico que está disposto a tudo justificar.

Sócrates vivia modestamente, conversando com os atenienses comuns e não tentava ensinar em troca de pagamento, como faziam os sofistas. Perguntava-lhes: o que é o valor, a justiça, a virtude? E eles caíam em contradição, ignorantes. Sócrates sabia que não sabia, enquanto os outros pensavam que sabiam. A partir das dúvidas, Sócrates fundou seu método de conhecimento, com base nos questionamentos: o "método socrático". Contudo, tantas dúvidas e críticas incomodaram certos poderosos e acabaram levando à condenação de Sócrates à morte por supostamente "corromper a juventude".

Quais seriam essas ideias tão ameaçadoras? Uma bela história pode nos dar uma boa pista e podemos avaliar o papel central da busca da verdade por Sócrates na "Alegoria da caverna", na *República* de Platão (livro 7). Sócrates imagina uma cena na qual, em uma habitação escura subterrânea, os homens estão acorrentados e não podem mover a cabeça, só podem olhar para o fundo da caverna. Ali, movimentam-se sombras que parecem falar. Essas imagens e sons vêm de um muro atrás dos prisioneiros, diante do qual há uma fogueira e por onde passam outras pessoas com estatuetas e outros artefatos que ultrapassam a altura do muro ao receber a luz do fogo, formando sombras que são projetadas no fundo da caverna. Os sons que parecem sair das sombras nada mais são do que o bate-papo daqueles que transportam as estátuas. Os prisioneiros, que não sabem disso, acreditam que as imagens projetadas são a única realidade existente. Por sua incapacidade de perceber que só veem imagens, esses prisioneiros são como a maioria dos homens que, como escravos, vivem apenas a imagem da vida e não a própria vida.

Sócrates continua, dizendo que se libertássemos um prisioneiro e o expuséssemos à luz, ele seria ofuscado e permaneceria, por muito tempo, incapaz de habituar-se à claridade e à beleza. Teria que conhecer primeiro a noite e o mundo externo para, apenas ao fim, contemplar o Sol e entender como ele é a causa de todas as coisas que contemplamos e que está na origem das próprias sombras. Se voltasse à caverna, inicialmente teria dificuldade de mover-se nas trevas e seria ridicularizado. Ao acostumar-se e dar-se bem, tentaria explicar a realidade para os prisioneiros, mas não seria fácil. Sócrates, então, diz que isso é o que se passa com o filósofo, que deve buscar a luz, mas também voltar para mostrar àqueles que se contentam com as aparências como chegar às essências. (Que bela história! Como isso poderia "corromper a juventude"? Às vezes, a beleza e o questionamento não agradam aos poderosos.)

Mas voltemos, agora, àquele personagem histórico que me levou a gostar da Antiguidade, Platão, um tipo muito mais conservador. Ele pertence à mais antiga aristocracia ateniense e chega à juventude no auge das lutas políticas do fim do século V a.C. As lutas entre democratas e aristocráticos e os excessos cometidos por ambas as partes fizeram com que Platão concluísse que a corrupção da classe política ateniense era incorrigível. Afinal, em 399 a.C. Sócrates havia sido condenado à morte justamente por almejar a busca da verdade. Platão, influenciado pelos pitagóricos da Sicília, propõe um modelo de sociedade com apenas três grupos: filósofos, guerreiros e artesãos. Platão fundou uma escola filosófica, a Academia, na qual dialogava com seus discípulos, voltando-se, cada vez mais, para o mundo das ideias. Daí deriva sua fama de "desligado" e a expressão, que todos conhecemos, "amor platônico", sem contato físico.

Aristóteles, por sua vez, era muito mais prático. Nascido em Stageira em 384 a.C., com 17 anos tornou-se aluno na Academia de Platão, tendo se destacado primeiro como estudante e, depois, como estudioso, "o cérebro da escola", como dizia Platão. Após a morte do mestre em 347 a.C., Aristóteles saiu de Atenas, continuou estudando e tornou-se tutor de Alexandre, filho de Felipe II da Macedônia, em 342 a.C. Quando Alexandre chegou ao trono, em 336 a.C., Aristóteles voltou a Atenas e abriu a sua escola, o Liceu, um ginásio com percursos cobertos, chamados em grego *peripatoi*, de onde deriva o nome da escola Peripatética, ou das caminhadas. A partir daí, redigiu inúmeras obras, sobre todos os temas, da biologia à lógica, da política à crítica literária. A Filosofia aristotélica procurou dar uma imagem coerente do homem e do universo, distanciando-se do idealismo de Platão. Defendia que a partir dos dados reais recolhidos e estudados minuciosamente, poder-se-iam formular leis e abstrações. Abandonou a forma de diálogos que havia sido usada até então, em especial por Platão, substituindo-a pela prosa. Segundo Aristóteles, a poesia é mais filosófica do que a História:

> Não cabe ao poeta dizer o que aconteceu, mas o que poderia ter acontecido, ou seja, o possível segundo a verossimilhança ou a necessidade. De fato, o historiador e o poeta não se diferenciam por dizer as coisas em verso ou em prosa (pois seria possível versificar as obras de Heródoto [um dos historiadores antigos], nem por isso seria menos História em verso do que em prosa). A diferença está em que a História diz o que aconteceu e a poesia o que poderia acontecer. Por isso mesmo a poesia é mais filosófica e elevada do que a História, pois trata do geral e a História do particular.

Platão e Aristóteles fornecerão os fundamentos para todas as formas de pensamentos posteriores, não só na própria Antiguidade, mas também na Idade Média e até chegar aos Tempos Modernos. Suas ideias, surgidas da *pólis*, tornaram-se instrumentos de conhecimento do mundo que transcenderam, em muito, aquele mundo das cidades gregas a tal ponto que, com exagero, é lógico, toda a restante Filosofia já foi descrita como comentários à Filosofia grega.

Heródoto

Mas nem tudo era Filosofia, pois, como se diz, "ninguém vive de brisa". Além da Filosofia, o pensamento grego expandiu-se por outras áreas, como foi a invenção de diversos gêneros literários, dentre os quais se destaca a História, inaugurada por Heródoto, já na Antiguidade cognominado de "Pai da História".

História é uma palavra grega que significa "investigação" e, portanto, abrangia diversas áreas de pesquisa. No entanto, logo passou a significar "o estudo do passado", e Heródoto inaugurou esse gênero com uma monumental obra que tratava das origens das guerras entre gregos e persas. Visitou inúmeros lugares, como o Egito, tendo cunhado a famosa descrição desse local como um "dom do Nilo".

As preocupações de Heródoto, embora radicadas em sua própria época, fizeram-no retornar a passados longínquos e foi um acurado observador dos costumes dos povos. Heródoto atribuía ao Egito e ao Oriente muitas características da civilização grega, até mesmo deuses e relatos mitológicos e, por isso, na própria Antiguidade, outros gregos o acusaram de ser "filobárbaro", por valorizar demasiado os não gregos. (No século XIX, de novo, será desacreditado pelos estudiosos que quiseram separar radicalmente os gregos dos orientais, como se os gregos, indo-europeus e guerreiros fossem superiores aos semitas. Hoje, tem-se reconhecido cada vez mais a importância de Heródoto como representante de um pensamento aberto e reconhecedor das influências culturais recíprocas entre gregos e não gregos. Por isso mesmo, alguns estudiosos atualmente dizem que, mais do que pai da História, Heródoto foi o pai da Antropologia, a disciplina que estuda o homem em suas diferentes culturas.) Já pensou viajar por tantos lugares? Na Antiguidade, era muito mais difícil do que hoje e as aventuras de Heródoto ainda nos fascinam, pelos ambientes exóticos que visitou, pelos costumes que relatou. A leitura de sua obra é uma verdadeira viagem.

A ARTE GREGA

Não era apenas na Filosofia que a *pólis* tornou o homem a medida, o referencial, para tudo, mas também na arte os gregos passaram a basear todas as suas formas de representação na proporcionalidade das partes em relação ao todo. A beleza para eles estava, precisamente, nas proporções entre as partes, por analogia com as proporções entre as partes do corpo humano. Esse anseio de uma ordem, *taksis*, levou à introdução do plano de cidades em "tabuleiro", com ruas paralelas formando um esquema ortogonal (o que seria, no Renascimento, retomado e generalizado tanto na América espanhola como, posteriormente, nos Estados Unidos. Sempre que assistimos a um filme sobre Nova York, notamos que as ruas são retas e se cruzam, sendo, até mesmo, numeradas: rua 27, que se cruza com a avenida 45. Para nós, acostumados às nossas ruas curvas, isso chama a atenção. Foram os gregos a inspirar esse tipo de ordenamento urbano).

GRÉCIA 75

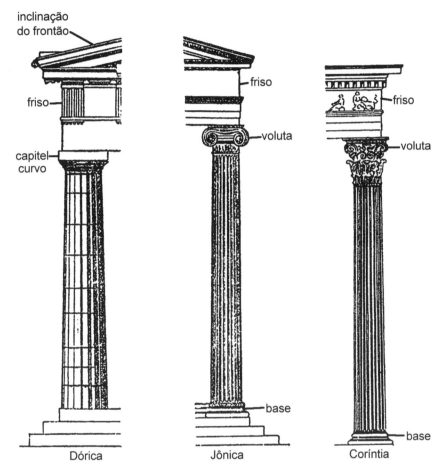

As três ordens da arquitetura grega: dórica, jônica e coríntia.

A arquitetura grega usava em suas edificações pedras, mármore e tijolos, tendo desenvolvido algumas ordens arquitetônicas, definidas como a forma e disposição das partes salientes e, sobretudo, das colunas e do entablamento que distinguem os diferentes processos de construção. Havia três ordens principais: a dórica, com colunas sem base e capitel curvo; a jônica, com base e capitel terminado em duas volutas; e a coríntia, uma combinação das outras duas. Os principais edifícios eram os templos, compostos de uma cela ao fundo, onde estava a estátua da

76 GRÉCIA E ROMA

divindade e, diante dela, uma mesa para as oferendas, tudo cercado por paredes e, por fora, um pórtico ou colunada. Apenas tinham acesso ao interior os sacerdotes e não havia, portanto, nada que se assemelhasse a uma congregação de crentes, como nas igrejas cristãs, judaicas ou islâmicas. Para nós, templo é lugar de oração, de congregação, mas para os gregos era o local de um rito, sem a presença dos fiéis.

O Parthenon é o mais conhecido templo grego e merece ser descrito, por sua imponência e pelos sentimentos que, até hoje, causa em quem olhe para ele. Na Acrópole de Atenas, os arquitetos Ictino e Calícrato planejaram o edifício que começou a ser construído em 447 a.C., tendo ficado pronto em 438 a.C., em mármore pentélico e estilo dórico. O templo media 69,50 por 30,86 metros, a altura das colunas era de 10,42 metros e a altura total alcançava 20 metros. O interior consistia em dois aposentos, a cela principal, a leste, media 19,19 por 29,90 metros e era conhecida como Hekatompedos, por ter cem pés áticos de comprimento. Ao fundo estava a famosa estátua da deusa Atena esculpida por Fídias. A oeste ficava outro aposento, que passou a ser conhecido como Parthenon, pois era circundado por estátuas de jovens (*parthenoi*), provavelmente usado como tesouro (depósito de valores monetários). Na verdade, Parthenon quer dizer, literalmente, "das virgens", referindo-se às meninas representadas (o que poucos sabem).

Nem tudo era religião, entretanto. Além dos templos, as cidades gregas contavam com muitos outros edifícios, com um *bouleterion*, ou casa do conselho (*Bulé*), ginásios, destinados aos exercícios, e os teatros, provavelmente as construções mais importantes depois dos templos.

O teatro grego desenvolveu-se a partir de canções e danças usadas nas festas em honra ao deus Dioniso (Baco). De início, provavelmente, um coro cantava e dançava diante de um altar e os espectadores faziam um círculo ao redor. As representações foram se tornando mais dramáticas, mas a estrutura manteve-se a mesma: um lugar esférico diante de um altar, rodeado pela plateia circular em ascendente, em geral aproveitando a inclinação do terreno.

Teatro de Epidauro, *pólis* próxima ao mar Egeu.
Ainda hoje é utilizado para apresentações teatrais.

O caráter religioso do teatro nunca se perdeu, ainda que tragédias e comédias tenham, gradativamente, se distanciado dos temas sagrados. Até hoje são encenadas peças como *Medeia*, de Eurípides, *Prometeu acorrentado*, de Ésquilo, *Édipo*, de Sófocles.

> *Sófocles, autor de* Édipo, *viveu entre 497-405 a.C., aproximadamente. Aqui, um trecho da peça em que o personagem Édipo resume sua trajetória trágica, que o levaria a matar seu verdadeiro pai, Laio, e se casar com a mãe, sem que soubesse disso.*
>
> Édipo:
> Meu pai é Pôlibo, coríntio, minha mãe,
> Mérope, dórica. Todos consideravam-me
> o cidadão mais importante de Corinto.
> Verificou-se um dia um fato inesperado,
> motivo de surpresa enorme para mim
> embora no momento não me preocupasse,
> dadas as circunstâncias e os participantes.
> Foi numa festa; um homem que bebeu demais
> embriagou-se e logo, sem qualquer motivo,
> pôs-se a insultar-me e me lançou o vitupério
> de ser filho adotivo. Depois revoltei-me;
> a custo me contive até findar o dia.
> Bem cedo, na manhã seguinte, procurei
> meu pai e minha mãe e quis interrogá-los.

Ambos mostraram-se sentidos com o ultraje,
mas inda assim o insulto sempre me doía;
gravara-se profundamente em meu espírito.
Sem o conhecimento de meus pais, um dia
fui ao oráculo de Delfos, mas Apolo
não se dignou de desfazer as minhas dúvidas;
anunciou-me claramente, todavia,
maiores infortúnios, trágicos, terríveis;
eu me uniria um dia à minha própria mãe
e mostraria aos homens descendência impura
depois de assassinar o pai que me deu vida.
Diante dessas predições, deixei Corinto
guiando-me pelas estrelas, à procura
de pouso bem distante, onde me exilaria
e onde jamais se tornariam realidade
— assim pensava eu — aquelas sordidezas
prognosticadas pelo oráculo funesto.
Cheguei um dia em minha marcha ao tal lugar
onde, segundo dizes, o rei pereceu.
E a ti, mulher, direi toda a verdade agora.
Seguia despreocupado a minha rota;
quando me aproximei da encruzilhada tríplice
vi um arauto à frente de um vistoso carro
correndo em minha direção, em rumo inverso;
no carro viajava um homem já maduro
com a compleição do que me descreveste há pouco.
O arauto e o próprio passageiro me empurraram
com violência para fora do caminho.
Eu, encolerizado, devolvi o golpe
do arauto; o passageiro, ao ver-me reagir
aproveitou o momento em que me aproximei
do carro e me atingiu com um dúplice aguilhão,
de cima para baixo, em cheio na cabeça.
Como era de esperar, custou-lhe caro o feito:
no mesmo instante, valendo-me de meu bordão
com esta minha mão feri-o gravemente.
Pendendo para o outro lado, ele caiu.
E creio que também matei seus guardas todos.
Se o viajante morto era de fato Laio,
quem é mais infeliz que eu neste momento?

Fonte: SÓFOCLES. *A trilogia tebana*. Trad. Mario Gama Kury. Rio de Janeiro: Zahar, 1994, versos 921-975,
pp. 58-9.

Tanto a arquitetura quanto o teatro grego serviram de modelo, primeiro para os romanos e, a partir do Renascimento, para toda a cultura ocidental.

A escultura grega também tinha o homem no seu centro de preocupações e, em seus grandes momentos, tanto no século V a.C. como posteriormente, ela caracterizou-se por representar o movimento e os indivíduos. Enquanto a estatuária egípcia e a oriental, em geral, representavam deuses e reis com formas perfeitas e imóveis, os gregos passaram a mostrar os movimentos, os músculos, como é o caso de uma estátua que figurava um atleta. Com o passar do tempo, mais e mais importância foi sendo dada à representação das particularidades dos indivíduos, atingindo o ápice nos séculos III e II a.C., quando se representam pessoas concretas, com sua fisionomia e traços particulares. Assim como nas outras artes, a estatuária grega serviu de inspiração para as correntes artísticas ocidentais posteriores.

Comparando a estátua arcaica (à esquerda) com a clássica (à direita), notamos o progresso do movimento do corpo enfatizado no período clássico.

O século V a.C. é conhecido como "século de ouro" da Grécia antiga, um período de grandes realizações em todas as esferas, incluindo as artísticas. Isso tudo é verdade, mas devemos tomar cuidado para não idealizar esse período e esquecer o restante da História grega.

DAS CIDADES-ESTADOS GREGAS AOS IMPÉRIOS HELENÍSTICOS

A luta entre Atenas e Esparta, conhecida como Guerra do Peloponeso, começou em 431 a.C., pouco antes da morte de Péricles em 429 a.C., e durou até 404 a.C., quando a derrota de Atenas marcou o início de um período de declínio das cidades gregas independentes.

A luta entre Atenas e Esparta foi o resultado da disputa pelo controle das cidades gregas e, mesmo após a derrota de Atenas, guerras entre as cidades gregas continuaram a ocorrer, resultando no enfraquecimento delas e na ruína para camponeses e artesãos. Os exércitos passaram a ser recrutados, por isso, fora da cidade, sendo pagos como mercenários.

Nesse contexto, as cidades gregas mantiveram suas disputas, até que Felipe da Macedônia começou a conquistá-las e seu filho Alexandre, o Grande, conseguiu dominar não apenas toda a Grécia como também vencer os persas e chegar até a Índia, estabelecendo um império imenso.

Detalhe de mosaico de Pompeia representando Alexandre, o Grande, na Batalha de Gaugamela.

Alexandre, entre 336 e 323 a.C., além de comandar esse império, fundou muitas cidades que tiveram seu nome, como é o caso da famosa Alexandria do Egito. Contudo, com sua morte, o império desintegrou-se, desmembrando-se em monarquias na Macedônia, no Egito (sob o poder dos lágidas) e na Síria (onde passaram a reinar os seleucidas).

Os Estados helenísticos fizeram com que as cidades perdessem sua independência, não tivessem mais exército ou política externa autônoma. As cidades-Estados gregas, entretanto, continuaram a existir e cada uma delas manteve sua própria constituição e leis.

Quando as monarquias helenísticas foram, gradativamente, sendo incorporadas ao domínio romano, a partir do século II a.C., as cidades gregas, ainda assim, continuaram a existir e a ter suas instituições, mas foram se modificando aos poucos. As cidades gregas tão orgulhosas de suas tradições, embora não tivessem mais total independência, mantiveram uma fidelidade impressionante à sua cultura.

Com o helenismo, a cultura grega continuou viva, como mostra esta representação de um ator cômico num vaso do século IV a.C. encontrado no sul da Itália.

A civilização helenística

Alguns nomes usados no estudo da história são criados para simplificar, mas podem confundir. Esse é o caso do "helenismo". Os gregos chamavam-se de "helenos", e os estudiosos modernos usaram o termo "helenístico" para referir-se à civilização que se utilizava do grego como língua oficial a partir das conquistas de Alexandre, o Grande (336 a.C.), até o domínio romano da Grécia, em 146 a.C. Ou seja, é um termo que não se confunde com "helênico", que é o mesmo que "grego". Embora seja aplicado a um período relativamente curto, este foi marcado por grandes interações culturais. Alexandre conquistou um imenso território: as cidades gregas todas, mas também o Egito, a Palestina, a Mesopotâmia, a Pérsia (Irã), chegando à Índia. Depois de sua morte prematura, o Império dividiu-se em três reinos, centrados na Macedônia, no Egito e na Mesopotâmia.

A principal característica desse mundo helenístico era a convivência de inúmeros povos, com dezenas de línguas, governados por uma elite de origem macedônica, que tinha na língua grega um elemento de comunicação oficial e universal. Foram fundadas diversas cidades, como Alexandria, no Egito, que viria a se destacar por uma vida intelectual intensa.

A civilização helenística baseava-se na interação entre muitos povos, e as trocas culturais entre os diferentes grupos intensificaram-se de forma extraordinária. Talvez o exemplo mais conhecido e mais relevante para a história posterior do Ocidente seja a cultura judaica helenística. Em Alexandria, uma importante comunidade judaica foi estabelecida e esses judeus não apenas adotaram a língua grega, como também passaram a interpretar a sua tradição religiosa à luz da Filosofia grega, antecipando o próprio cristianismo, que também faria interagir as tradições grega e judaica. Embora houvesse conflitos entre os diversos povos, sua convivência acarretou trocas culturais que viriam a gerar influências duradouras.

Um exemplo disso é o desenvolvimento da Filosofia estoica, fundada por um pensador de origem fenícia, Zenão de Cítion. Segundo o estoicismo, Deus é o *logos*, ou razão, e o homem deve viver de acordo com o *logos*, que se identifica com a natureza. Essa mescla de Oriente e Ocidente leva a uma visão que separa "bem" e "mal", e que propõe a moderação e o distanciamento do mundo. O estoicismo terá grande difusão no mundo romano, com Sêneca e Marco Aurélio, e estará muito próximo do cristianismo. Para São João, em seu Evangelho: "No princípio era o *logos*, e Deus era o *logos*". O estoicismo, de múltipla origem, grega e oriental, converteu-se em um dos grandes fundamentos da tradição do Ocidente. Milhares de anos depois, vivemos em um mundo marcado pela civilização helenística, com sua grande variedade cultural.

Roma

A ROMA ANTIGA: CIDADE E ESTADO

Sempre que ouvimos falar em Roma, logo pensamos na capital da Itália, onde reside atualmente o papa. E realmente, Roma é essa cidade. Mas a Roma atual nada mais é do que a continuação de uma Roma muito mais antiga, fundada há quase três mil anos. Para diferenciar a cidade de Roma atual da antiga, costuma-se chamar de "Roma antiga" a cidade fundada, segundo a lenda, em 753 a.C.

Roma, entretanto, não foi apenas uma cidade; com a conquista, primeiro da península itálica e, depois, de todo o Mediterrâneo, Roma passou a designar o mundo dominado pelos romanos. Assim, Roma não é só uma cidade antiga, mas também todo um império, um imenso conglomerado de terras que, no seu auge, estendia-se

86 GRÉCIA E ROMA

da Grã-Bretanha ao rio Eufrates, do Mar do Norte ao Egito. "Todos os caminhos levam a Roma" era um ditado dos próprios romanos para dizer que todas as estradas conduziam à cidade de Roma, considerada o centro do mundo. Roma, portanto, significa, ao mesmo tempo, uma cidade e um Estado.

COMO CONHECER O MUNDO ROMANO?

Sobre o mundo romano, dispomos de diversas *fontes* de informação: documentos escritos, objetos, pinturas, esculturas, edifícios, moedas, entre outras. Os romanos falavam o latim, língua que está na origem inclusive da língua portuguesa. Escreviam utilizando-se do alfabeto latino, cujas letras maiúsculas são as mesmas ainda hoje. Os romanos produziram muitas obras, de diferentes gêneros, que chegaram até nós graças à cópia manual feita pelos religiosos da Idade Média: comédias, tratados de Filosofia, discursos, poesias, História. Essas obras constituem uma fonte de informação importante para conhecer aquilo que pensavam os romanos sobre sua própria sociedade.

As obras latinas que nos chegaram por essa tradição literária são uma parcela muito reduzida do original, pois muitos dos livros antigos não nos alcançaram. Na própria Antiguidade, a maioria das obras não foi muito copiada, pois os manuscritos eram pouco numerosos e apenas alguns livros mais populares acabaram sendo reproduzidos em larga escala. Por exemplo, vários discursos do orador Cícero (106-43 a.C.), considerados leitura obrigatória para todos os que estudavam a língua latina, foram muito bem preservados. Contudo, a maioria das obras antigas escritas e publicadas obtinha alguma divulgação por, no máximo, alguns anos, depois, deixava de ser copiada. Destas, hoje, só conhecemos, em geral, o título. Mesmo obras que foram reproduzidas durante séculos acabaram se perdendo pela falta de interesse dos copistas medievais. Algumas obras, consideradas impróprias pela Igreja, simplesmente deixaram de ser copiadas, desaparecendo no decorrer dos séculos.

O mundo romano já foi definido como "o mundo da escrita", pela grande importância que dava a ela. Os antigos romanos costumavam escrever não apenas livros, cartas e documentos burocráticos, em materiais perecíveis, como o papiro e a madeira, mas também frequentemente faziam uso de inscrições, que podiam ser monumentais, em grandes edifícios públicos, em letras garrafais, para serem vistas a grande distância. Ou podiam ser inscrições feitas com pincel ou estilete, aquilo que chamamos "grafites", em vasos de cerâmica ou em paredes. Conhecemos centenas de milhares de inscrições latinas, com informações sobre todos os aspectos da vida romana.

Além dos escritos romanos, temos acesso também a vestígios deixados por eles, fontes tão importantes quanto. Os traços do mundo material são fundamentais para o conhecimento da Antiguidade. De fato, os romanos nos legaram uma imensa quantidade de construções, como suas famosas estradas, que cruzavam todo o território e que perduram, em grande parte, até hoje. Cidades romanas inteiras ainda podem ser visitadas, como é o caso de Pompeia, que foi soterrada pela erupção do vulcão Vesúvio em 79 d.C. e, portanto, encontrada relativamente conservada pelas escavações realizadas no local a partir do século XVIII. Além disso, até mesmo humildes vasos de cerâmica, preservados aos milhões, ajudam a entender como viviam os antigos romanos: alguns têm imagens do cotidiano, e muitos permitem que se estude o comércio de vinho e azeite, produtos neles transportados. Também a forma dos vasos nos diz muito sobre os costumes da época, por exemplo, como comiam, usando as mãos, e o que bebiam em diferentes taças.

Objetos romanos de uso cotidiano.
Em sentido horário: cântaro, jarro, ânfora, lamparina e copo.

88 GRÉCIA E ROMA

Dos romanos herdamos, também, nossa própria língua, pois o português nada mais é do que um latim modificado. A maioria das palavras do português deriva do latim, sendo, em alguns casos, exatamente as mesmas. Vamos a um exemplo, como é o caso de *familia*, "família". Noutros casos, são palavras quase iguais, como *filius*, "filho", ou *adolescentes*, "adolescente". O português deriva do latim, porque os romanos dominaram a península ibérica e, por muitos séculos, o latim foi a língua falada por lá. Por isso, o português é conhecido como "a última flor do Lácio", ou seja, o último idioma derivado do latim, a língua do Lácio, região onde estava Roma.

AS ORIGENS: LENDAS E HISTÓRIA

Todos os povos procuram explicar de onde vieram, como surgiram, e os romanos contavam certas lendas sobre as origens de sua cidade. A mais conhecida e popular entre os próprios romanos diz que Roma foi fundada por Rômulo, filho do deus da guerra, Marte, e de Reia Sílvia, filha do rei Numítor, de Alba Longa. Quando Rômulo era bebê, Amúlio, irmão de Numítor, destronou seu irmão e obrigou sua sobrinha Reia a tornar-se uma sacerdotisa, o que a levou a jogar seus filhos gêmeos, Rômulo e Remo, nas águas do rio Tibre. Milagrosamente, os meninos salvaram-se e foram criados por uma loba, tendo depois recebido os cuidados do pastor Fáustulo e de sua esposa.

> *A narrativa da infância de Rômulo e Remo na visão de Tito Lívio (59 a.C.-17 d.C.), que escreveu uma História de Roma.*
>
> [...] sob o pretexto de honrar sua sobrinha Reia Sílvia, colocando-a entre as vestais, ele [Amúlio] lhe tira toda a esperança de se tornar mãe, condenando-a à virgindade perpétua.
> Mas acredito que o destino estava encarregado da fundação de uma cidade tão poderosa: era a ele que cabia lançar os alicerces desse vasto império que iguala o dos deuses. A vestal que se tornara mãe pela violência, deu à luz dois filhos e, seja por convicção, seja para enobrecer sua culpa atribuindo-a a um deus, designou Marte para a duvidosa paternidade. Contudo, nem os deuses, nem os homens puderam salvar a mãe e os filhos da crueldade do rei. Acorrentada, a sacerdotisa é colocada na prisão e manda-se jogar os filhos no rio.

> O acaso ou a bondade dos deuses fez com que as águas do Tibre, estagnadas na margem, não chegassem ao curso normal do leito; porém, aos executantes das ordens reais, as águas, apesar da lentidão da corrente, pareceram suficientes para submergir as crianças. Persuadidos de terem cumprido sua missão, eles as deixaram na beira do rio [...]. Conta-se que a água pouco profunda fez flutuar o berço que continha as crianças; que ouvindo o ruído de seus vagidos, uma loba [...] se desviou de seu caminho e se deitou para dar-lhes de mamar com tanta doçura a ponto de lamber as criancinhas, como testemunhou o chefe dos pastores do rei. Este homem se chamava Fáustulo.
>
> Fonte: Tito Lívio, I, 3-4 passim, publicado em Pinsky, Jaime (org.) *100 textos de História Antiga*. São Paulo: Contexto, 1988, pp. 52-3.

Ao se tornarem adultos, Rômulo e Remo restauram o pai no trono de Alba Longa e pedem permissão para fundar uma cidade às margens do Tibre. Entretanto, brigaram, e Rômulo acabou matando seu irmão. Em seguida, Rômulo transformou o Capitólio em refúgio. Para obter esposas, os habitantes da nova cidade, Roma, até então só homens, raptaram mulheres sabinas. Ao morrer, Rômulo foi levado aos céus e passou a ser adorado como o deus Quirino.

A loba Capitolina e os gêmeos Rômulo e Remo; escultura etrusca do século V a.C.

90 GRÉCIA E ROMA

Outra lenda romana conta que Eneias era um troiano filho da deusa Vênus e de Anquises, rei troiano de Dárdano. Após a vitória dos gregos sobre os troianos (lembra-se da Guerra de Troia?), Eneias vagou pelo Mediterrâneo, até chegar ao Lácio, onde reinou por alguns anos. Depois de morto, foi adorado como Júpiter Indiges. Seu filho Ascânio fundou Alba Longa e seu descendente, Numítor, foi pai de Reia Sílvia; era, pois, avô de Rômulo.

Por lendas como essas, Roma ligava-se ao deus da guerra, Marte, e à deusa da fertilidade, Vênus. Para os romanos, era importante considerar que seu destino estava ligado aos deuses, pois essas nobres origens legitimavam seu poder sobre outros povos e serviam como propaganda de suas qualidades.

Os arqueólogos encontraram vestígios de cabanas dos primeiros moradores de Roma e alguns aspectos das lendas puderam ser comprovados, como é o caso do domínio dos etruscos, um povo que vivia ao norte de Roma, e cuja influência na cultura romana seria muito grande.

Lembremos que a península itálica caracteriza-se pela cadeia montanhosa central, os Apeninos, e, ao norte, os Alpes e suas grandes altitudes que a protegem dos ventos frios do norte, favorecendo um clima ameno, com chuvas regulares. O solo no litoral e ao longo dos vales dos rios é muito fértil, favorecendo a agricultura. A abundância de vegetação permitiu o desenvolvimento da criação de gado, a tal ponto que toda a península era chamada de "Terra dos Vitelos" – Itália. O rio Tibre nasce nas montanhas da Itália central e cruza uma planície, antes de chegar ao mar Tirreno. A planície era pantanosa, cercada por colinas com bosques e florestas. Nesse local viviam os latinos, e a 25 quilômetros da foz, na margem esquerda do rio Tibre, em área estratégica para o comércio entre o interior da península e a costa, surgiria a cidade de Roma, em meados do século VIII a.C.

As possibilidades econômicas da região eram grandes, tanto na produção agrícola (trigo e outros cereais) e na criação de animais, como no comércio. Desde o início do primeiro milênio a.C., os povos que ocupavam a península eram indo-europeus, como os latinos, sabinos e gregos, ao sul, e os etruscos, uma civilização original que combinava elementos gregos e orientais.

Não se conhecem os detalhes da fundação histórica de Roma, mas uma das hipóteses é que teria sido fundada na região do Latium por chefes etruscos que teriam unido numa única comunidade diferentes povoados de sabinos e latinos. Entre 753 a.C. e 509 a.C., Roma cresceu, deixou de ser uma pequena povoação e transformou-se numa cidade dotada de calçadas, fortificações e sistema de esgoto, tendo o latim se consolidado como língua corrente. Em 509 a.C., os nobres romanos, chamados de *patrícios*, teriam se revoltado contra seus dominadores etruscos, deposto o rei etrusco que governava a cidade e instaurado um sistema republicano. Segundo os romanos, Brutus foi o líder da revolta contra os Tarquínios, reis etruscos de Roma, e tornou-se o primeiro magistrado da nova República.

Tradicionalmente, a história de Roma na Antiguidade é dividida em três grandes períodos: *Monarquia*, da fundação da cidade em 753 a.C., segundo a tradição, ao ano 509 a.C.; *República*, de 509 a.C. a 27 a.C.; e *Império*, de 27 a.C. a 395 d.C., ano da divisão do Império em Ocidental e Oriental, com capitais em Roma e Constantinopla.

A REPÚBLICA

Os romanos estavam socialmente divididos em três grupos: *patrícios*, os nobres, chefes das famílias poderosas, proprietários de terras; *clientes*, que eram servidores ou protegidos dos nobres; e *plebe*, congregando todos os outros habitantes.

Nos primeiros tempos da República romana, os patrícios detinham todos os direitos políticos e só eles podiam ter cargos de governo, como os de cônsul e senador. Os patrícios constituíam uma aristocracia de sangue, com antepassados comuns, daí seu nome "aqueles com pais". Os clientes e a plebe (composta de homens livres, pequenos agricultores, comerciantes e artesãos) não possuíam direitos plenos. O poder dos patrícios vinha da posse e exploração da terra, trabalhada por camponeses, às vezes escravizados por dívidas. Os patrícios romanos governavam a cidade principalmente em benefício próprio, aplicavam as leis conforme seus interesses pessoais e procuravam reduzir à servidão plebeus camponeses que não conseguiam pagar suas dívidas.

92   GRÉCIA E ROMA

Somente depois de mais de dois séculos de luta entre plebeus insatisfeitos e patrícios poderosos é que os plebeus obtiveram, progressivamente, direitos políticos iguais aos nobres. Por volta de 450 a.C., os plebeus conseguiram que as leis segundo as quais as pessoas seriam julgadas fossem registradas por escrito, numa tentativa de evitar injustiças do tempo em que as leis não eram escritas e os cônsules, sempre da nobreza de sangue, administravam a justiça como bem entendiam, conforme suas conveniências. O conjunto de normas finalmente redigidas foi chamado a "Lei das Doze Tábuas", que se tornou um dos textos fundamentais do Direito romano, uma das principais heranças romanas que chegaram até nós. A publicação dessas leis, na forma de tábuas que qualquer um podia consultar, por volta de 450 a.C., foi importante, pois o conhecimento das "regras do jogo" da vida em sociedade é um instrumento favorável ao homem comum e potencialmente limitador da hegemonia e arbítrio dos poderosos. As "Doze Tábuas" não chegaram completas até nós, mas possuímos fragmentos como os seguintes: "quem tiver confessado uma dívida, terá trinta dias para pagá-la; quando um contrato é firmado, suas cláusulas são vinculantes, devendo ser cumpridas; se um patrão frauda um cliente, que seja amaldiçoado".

No processo de lutas sociais, os plebeus obtiveram outras conquistas importantes na República romana, tais como a abolição da escravidão por dívidas, a criação do cargo de *tribuno da plebe* – magistrado que defenderia os plebeus com o poder de vetar medidas governamentais que prejudicassem a plebe –, reconhecimento e poderes da assembleia da plebe, possibilidade de casamentos entre nobres e plebeus, anteriormente proibidos.

O historiador romano Lúcio Floro resumiu os objetivos e os resultados obtidos pela plebe ao retratar suas diversas lutas por direitos. No trecho reportado, apresenta uma visão positiva do povo, em pleno Império, sob Trajano ou Adriano, o que demonstra a força da importância da população para os romanos, mesmo em uma época de autocracia e poder pessoal do imperador.

Em meio a essas sedições, esse povo valoroso merece admiração. Lutou por sua liberdade, por sua honestidade, por sua dignidade de nascimento e também pelos cargos e suas honras, mas, acima de tudo, bateu-se de forma mais valente pela salvaguarda da liberdade. O povo não se deixou corromper pela propina, ainda que, em uma grande comunidade a cada dia maior, cidadãos perniciosos apareçam de vez em quando.

Fonte: FLORO. *Epítome*, 25, 5-6. Trad. Pedro Paulo A. Funari.

As vitórias plebeias mais significativas ocorreram quando, graças a transformações que veremos mais adiante, vários plebeus começaram a prosperar exercendo atividades comerciais, minando a hegemonia aristocrática. Uma nova distinção social estabeleceu-se de forma lenta, fundada principalmente na riqueza: havia, de um lado, os *romanos mais ricos*, patrícios e plebeus enriquecidos e, de outro, a grande *massa da plebe*. As diferenças entre patrícios e plebeus ricos nunca foram totalmente abolidas, mas se formou uma "nobreza monetária" que englobava patrícios – nobres de sangue – e os plebeus enriquecidos, naquilo que se pode chamar de uma "nobreza patrício-plebeia".

A maior parte dos romanos, até o século III a.C., era constituída por pequenos camponeses, que cultivavam eles próprios suas terras. Os patrícios, por sua vez, possuíam grandes propriedades de terra onde criavam gado e empregavam seus clientes. Plebeus enriquecidos também podiam tornar-se proprietários, comprando domínios rurais e explorando o trabalho escravo. A indústria e o comércio só se desenvolveram significativamente a partir do século IV a.C., permitindo que alguns plebeus enriquecessem e se aproximassem da aristocracia de sangue.

Como se governavam os romanos

O regime republicano acabou com a realeza e instituiu, em seu lugar, *magistraturas*, que eram cargos anuais com mais de um ocupante, para que o poder não ficasse concentrado nas mãos de uma só pessoa; os dois magistrados principais e mais poderosos eram chamados *cônsules*. O *Senado*, ou conselho de idosos, que já existia anteriormente, adquiriu maior importância com a República, pois era ele que escolhia os cônsules. Além dos poderosos *cônsules*, que detinham o poder militar e civil, havia outros magistrados, como os *questores* (tesoureiros), os *edis* (encarregados de cuidar de edifícios, esgotos, ruas, tráfego e abastecimento), os *pretores* (encarregados da justiça), os *censores* (revisores da lista de senadores e controladores de contratos) e o *pontífice máximo* (que era o chefe dos sacerdotes). A influência do Senado na indicação desses magistrados era muito grande, mas havia também a participação das assembleias da plebe e dos soldados em sua escolha.

(Reparou que alguns desses nomes são usados até hoje? Para nós, às vezes fica difícil saber o sentido exato dessas palavras que tinham um significado bem preciso para os romanos: República – "coisa do povo"; Senado – "lugar dos idosos"; pontífice – "aquele que faz uma ponte entre o céu e a terra".)

Como entre os gregos, as mulheres romanas não podiam tomar parte dos cargos no governo. Os homens cidadãos da República romana se reuniam em assembleias e escolhiam os *tribunos da plebe*, magistrados que tinham direito a veto sobre as decisões do Senado e dos outros magistrados. Os romanos utilizavam-se da sigla SPQR (*Senatus Populusque Romanus*) para se referir ao seu próprio Estado: "O Senado e o povo de Roma". Contudo, embora o poder estivesse, em termos formais, dividido entre Senado e povo, a influência dos senadores predominava, pois as assembleias populares mais importantes eram aquelas que reuniam os homens em armas e nas quais os poderosos tinham muito mais votos do que os simples camponeses.

O conceito de cidadania romana era muito mais amplo e flexível do que o ateniense, que vimos anteriormente. Tornavam-se romanos, por exemplo, os ex-escravos alforriados, chamados libertos, ainda que os plenos direitos políticos só fossem adquiridos pelos filhos de libertos, já nascidos livres. Os romanos concediam, também, a cidadania a indivíduos aliados e, até mesmo, a comunidades inteiras. Alguns estudiosos veriam nisso um dos motivos do dinamismo de Roma, pois a incorporação de pessoas à cidadania romana permitiu que os romanos fossem cada vez mais numerosos.

A EXPANSÃO ROMANA

Nos primeiros quatro séculos da história de Roma, os romanos entraram em conflitos, dominaram ou fizeram alianças com povos vizinhos, expandindo-se, primeiro, em direção ao Lácio (região vizinha à cidade) e, depois, à Itália central, meridional e setentrional.

Conquista da Itália

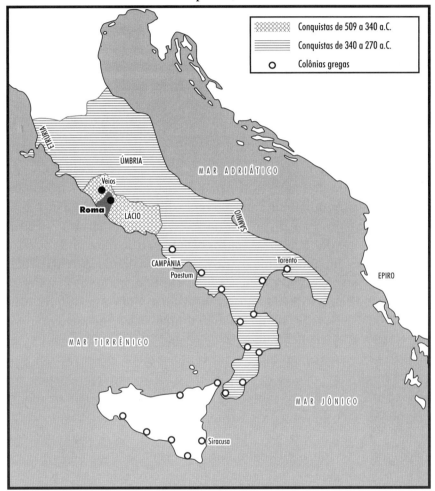

Os conquistados recebiam tratamento muito diversificado, segundo sua posição em relação ao poder romano. Os que se aliassem recebiam direitos totais ou parciais de cidadania, enquanto os derrotados que não cedessem eram subjugados, muitos vendidos como escravos, outros eram submetidos a tratados muito desiguais e que davam ao Estado romano grandes rendas na forma de impostos e tributos.

Roma, surgida de uma união de povos, sabia conviver com as diferenças e adotava, por vezes, uma engenhosa tática para evitar a oposição

96 GRÉCIA E ROMA

e cooptar possíveis inimigos: incluir membros das elites de povos aliados na órbita romana, com a concessão de direitos totais ou parciais de cidadania. Assim, havia povos que se aliavam aos romanos e seus governantes tornavam-se seus amigos, enquanto outros lutavam e, ao perderem, eram submetidos ao jugo romano.

Na prática, a aliança com Roma significava o fornecimento de forças militares, chamadas auxiliares, a aceitação da hegemonia política romana, mas também permitia um grau, bastante variável, de integração com o Estado romano. Os subjugados, por sua vez, eram massacrados ou escravizados, e suas terras eram tomadas e divididas entre os romanos e seus aliados.

O método de tratar de maneiras diferentes os povos vencidos era eficaz e favorecia o domínio romano, pois dificultava as uniões entre os derrotados e suas revoltas contra Roma. Alguns povos aliados recebiam todos os direitos dos cidadãos romanos incluindo o de voto, ainda que este fosse pouco importante, já que as assembleias eram dominadas pela nobreza e porque o voto exigia a presença física em Roma. Outros povos recebiam somente alguns direitos que não o de votar. Com outros ainda, mais numerosos, Roma selava sua aliança permitindo-lhes manter seus próprios magistrados e leis tradicionais, mas submetendo-os à tutela romana e exigindo que fornecessem a Roma todas as tropas que requisitasse. Também com o intuito de prevenir revoltas, os romanos construíram estradas por toda a Itália, o que lhes permitia o deslocamento rápido de tropas, e fundaram numerosas colônias sobre o território dos povos aliados. Essas colônias eram habitadas por cidadãos romanos vindos da cidade de Roma, *soldados camponeses*, que tomavam conta da região, garantiam sua fidelidade aos romanos e recebiam lotes de terras confiscados dos antigos habitantes.

O exército romano foi se construindo e consolidando no decorrer das guerras ocorridas entre os séculos VI e III a.C. O exército sempre foi uma instituição essencial para os romanos. Durante os primeiros cinco séculos, desde a fundação de Roma até as reformas do general Mário, em 111 a.C., o exército romano era composto por todos os cidadãos e, por isso, era chamado de "exército de camponeses". Até a reforma de Mário, o exército não era permanente. Era formado por cavalaria, de elite, e infantaria, de camponeses, que guerreavam apenas no verão, voltando para suas propriedades e lá permanecendo no restante do ano. As guerras na Antiguidade, por ser mais prático, ocorriam sempre nessa estação. A participação no exército era obrigatória e, portanto, as guerras retiravam do trabalho no campo contingentes significativos de homens.

A infantaria era a base do exército romano e foi a principal responsável pelo sucesso de Roma na conquista da península itálica. Seu trunfo, sua força, estava no combate em formação, com os infantes armados de escudo e lanças, o que tornava o exército romano uma força muito superior aos outros tipos de armadas da Antiguidade. Os romanos desenvolveram técnicas militares elaboradas, a começar por seus acampamentos, verdadeiras cidades protegidas por muros. Ali havia enfermarias, latrinas, saunas, cozinhas, fábricas de armamentos. No exército estavam, também, engenheiros e trabalhadores que construíam pontes sobre rios caudalosos em poucos dias, assim como as estradas, que permitiam uma mobilidade excepcional. Até hoje, graças à Arqueologia, podemos conhecer os acampamentos, estradas e armas feitas pelos militares romanos.

A ponte Emília, que cruza o rio Tibre, em Roma, data do século II d.C. e foi construída toda em pedra. Hoje, resta apenas um arco
de sua construção original e, por isso, é conhecida como "Ponte Partida".

O exército dividia-se em legiões, unidades que agrupavam aproximadamente 3 mil infantes, 1.200 homens de assalto e 300 cavaleiros, comandadas no mais alto nível pelos cônsules e pelos pretores, chamados de generais, em latim *imperatores*, "aqueles que mandam". Os generais vencedores eram socialmente muito respeitados e tinham direito a honras importantes, tais como desfilar em triunfo com suas tropas pela cidade de Roma. Os aristocratas romanos orgulhavam-se de suas tradições que valorizavam a bravura militar, como ilustra esta passagem do historiador romano do primeiro século a.C., Salústio:

> Muitas vezes, ouvi dizer que Quinto Máximo e Públio Cipião, além de outros homens ilustres de nossa pátria, costumavam afirmar que, ao contemplarem as imagens de cera de seus antepassados, sentiam um enorme estímulo em direção à virtude. É de supor que nem a cera nem os retratos tivessem, em si mesmos, tanta força, mas que, ao contrário, o relato dos feitos passados fizesse crescer, no peito dos grandes homens, esta chama que não se extinguiria senão ao igualarem sua bravura à fama e à glória daqueles.

Além das forças romanas, havia as forças auxiliares, ou seja, as tropas dos aliados, os *auxilia*, que davam um apoio secundário nas batalhas. Como vimos, os diversos povos conquistados eram incorporados ao mundo romano, seja como cidadãos, seja como aliados, e o exército serviu como um importante unificador cultural, em particular ao generalizar o uso do latim entre os combatentes.

Tendo conquistado toda a península itálica, a partir do século III a.C., a expansão romana estendeu-se para fora da Itália, e a sociedade camponesa dos primeiros séculos começou a transformar-se mais rapidamente. As guerras passaram a produzir grandes lucros, em especial por meio da captura e venda dos inimigos, a partir de então transformados em escravos, que passaram a ser utilizados como mão de obra em larga escala, em grandes fazendas.

As guerras muito longas em locais distantes tornavam cada vez mais difícil a participação dos camponeses na infantaria, o que acabou levando o general romano Mário, em 111 a.C., a recrutar, pela primeira vez, soldados voluntários que recebiam salário.

O procedimento do general Mário, um homem de origem relativamente humilde, levou à profissionalização do exército. Nos séculos seguintes, o exército continuará a incorporar, cada vez mais, soldados e oficiais de origem não romana. Durante os dois primeiros séculos do Império Romano (I e II d.C.), legiões inteiras eram compostas de tais soldados, como uma legião toda de batavos, uma tribo de germanos, originários da região da atual Alemanha.

Aconteceu o previsível: esses novos soldados assalariados passaram a ser mais leais aos generais que lhes pagavam do que ao Estado romano. Apoiando os generais, podiam obter vantagens, como parte da presa de guerra, especialmente escravos. Além disso, ao se retirarem da ativa e passarem para a reserva, recebiam lotes de terra para cultivar, sempre de acordo com a vontade do seu general. O resultado não se fez esperar, e os generais começaram a lutar entre si pelo poder, levando os romanos a inúmeras guerras civis.

Depois de meio século de lutas internas, Caio Júlio César, um general aristocrata que se dizia descendente de Vênus e de Eneias, conquistou em poucos anos a Gália, uma enorme área que corresponde, mais ou menos, à atual França, Suíça, Bélgica e parte da Alemanha. Quando o Senado não lhe quis permitir que continuasse a comandar as tropas, César recusou-se, tomou Roma, em 49 a.C., e tornou-se ditador em seguida. Foi morto por um grupo de senadores no dia 15 de março de 44 a.C., então chamado de "idos de março".

Busto representando Júlio César encontrado na antiga cidade de Túsculo.

Isso de pouco adiantou, pois outros generais sucederam a César e, em 31 a.C., seu sobrinho e herdeiro, Otávio, após vencer seus opositores, acabou por tornar-se o único grande general, logo reconhecido pelo Senado como o "principal", sendo chamado, por isso, de *Príncipe*. Recebeu, ainda, o título de *Augusto*, "o venerável". Esse regime passou a ser conhecido, por isso, como Principado ou Império, pois o governante era o príncipe, um general vitorioso do exército (*imperator*, em latim).

Augusto inaugurou um período de relativa paz interna que durou mais de 250 anos (31 a.C.-235 d.C.). Esse período ficou conhecido como a *Pax Romana*. Diodoro da Sicília, no século I a.C., descreve a expansão romana com as seguintes palavras:

> Os romanos, quando decidiram aspirar ao domínio do mundo, conquistaram o império com o valor de suas armas, mas, para seu próprio benefício, trataram com benignidade os povos vencidos. Afastaram-se tanto da crueldade e do espírito de vingança contra os vencidos que pareciam comportar-se não como inimigos, mas como benfeitores e amigos: a uns cederam a cidadania, a outros o direito de matrimônio, a alguns deixaram a autonomia.

Castigada após tantas guerras civis, Roma adotou o regime imperial de governo. Os imperadores tinham grandes poderes, mas não eram reis, nem a sucessão era, necessariamente, hereditária. No período imperial, a administração dos domínios romanos foi reorganizada, visando à maior centralização do poder; o imperador passou a acumular todos os poderes, apesar de continuarem a existir os órgãos administrativos da República. O imperador era reverenciado e adorado como um dos deuses romanos, daí sua enorme autoridade, derivada também do temor que inspirava. No "período de paz", novas conquistas foram efetivadas e as atividades econômicas e culturais ganharam grande impulso, surgindo novos e portentosos edifícios, monumentos, aquedutos, pontes, circos e anfiteatros.

O Império foi herdeiro de uma expansão multissecular de Roma. Durante o período republicano, Roma dera início ao seu imperialismo. Primeiramente, os romanos dominaram toda a península itálica. Nos séculos III e II a.C., após três guerras contra os cartaginenses – Cartago era uma colônia fenícia poderosa do norte da África, um importante centro

ROMA 101

comercial –, motivadas pela rivalidade dos dois povos no que diz respeito ao comércio e à navegação no Mediterrâneo, Roma conquistou a Sicília, o norte da África, a península ibérica e os reinos helenísticos. No século I a.C., foram conquistados os territórios da Ásia Menor, o Egito e a Gália.

O alcance geográfico do domínio romano, ainda hoje, chama a atenção, pois nunca houve, antes ou depois, império tão grande e integrado como o romano. Foi enorme o espaço geográfico que o domínio dos romanos alcançou em seu apogeu, no século II d.C.

Como vimos, com as conquistas romanas, muitos povos diferentes acabaram dominados pelo Império: os hebreus, no Oriente Médio, os bretões, na região da atual Inglaterra, os gauleses, onde hoje é a França, os egípcios, os gregos e muitos outros. Uns viviam próximos à cidade de Roma, outros em regiões bem distantes. Alguns desses povos, como foi dito, foram submetidos aos romanos, obrigados a trabalhar e a lutar por seus dominadores, enquanto outros foram incorporados devendo apenas pagar tributos.

Imagine as dificuldades de se tomar conta de um território tão grande. Pense nos esforços que Roma tinha que fazer para assegurar sua dominação em todas as regiões conquistadas, principalmente naquelas mais afastadas, a milhares de quilômetros. Era necessário construir e manter estradas para que o exército e os funcionários alcançassem os lugares mais distantes e para que os impostos pagos chegassem a Roma. Para assegurar a ordem entre os conquistados, os romanos tinham que manter postos avançados e acampamentos militares espalhados pelo território imperial. Era preciso alimentar e armar os soldados onde estivessem. Era necessário fazer as ordens de Roma chegarem a tropas e governos mais distantes. Lembre-se de que nesse tempo não havia nenhuma das invenções modernas que facilitariam essa tarefa, como o rádio, o telefone, meios de transporte rápidos, armas de fogo, computadores. Como não havia máquinas para auxiliar o trabalho, as estradas e muralhas romanas eram feitas de pedras carregadas e assentadas com a força humana, os braços escravos.

Mesmo com todas as dificuldades da época, o grande domínio romano se manteve por um tempo relativamente longo. Para controlar tantos povos diferentes, dominar território tão grande, cobrar impostos, reprimir revoltas e guardar fronteiras, os romanos contavam com armas, navios, escravos e centenas de funcionários burocráticos. Contudo, para uma imensa população, de até 50 milhões de habitantes, o exército contou, no máximo, com 390 mil homens e a burocracia imperial tampouco foi muito grande, o que demonstra a importância da cooptação das elites locais para a manutenção do Império.

A capacidade administrativa dos romanos em seu Império deve ser lembrada com destaque. Nos primeiros séculos, ainda da Itália, os romanos estabeleciam tratados com diversos povos e assentavam cidadãos romanos em colônias. Quando, a partir do final do século III a.C., conquistaram terras fora da península itálica, criaram-se as províncias. No início do Império, no século I a.C., havia dois tipos de províncias: as *senatoriais*, com governadores apontados pelo Senado e sem tropas, e as *imperiais*, com administradores militares indicados pelo imperador. As províncias imperiais, com tropas romanas, estavam em áreas de fronteira ou ainda não pacificadas. Cada província tinha uma capital, onde o governador era também assistido por um conselho provincial, formado pela elite dos romanos da região, e por funcionários administrativos, em geral libertos imperiais. Cada província era dividida em regiões administrativas, cada uma com uma capital, o que facilitava principalmente a cobrança de impostos, a manutenção das estradas, dos aquedutos e da administração em geral. Na base, estavam as cidades, cada uma com grande autonomia na gestão de seus assuntos, com constituição própria, câmaras municipais (*ordo decurionum*) e magistrados locais (*duúnviros*).

Com tudo isso, o Império inspiraria, por séculos, toda a cultura ocidental e, em particular, os modernos Estados nacionais. O democrata norte-americano John Adams, no século XIX, considerava que "a Constituição romana formou o povo mais nobre e a mais importante potência que já existiram", e os norte-americanos adotaram o nome "República", chamaram seu Legislativo de "Capitólio" e sua câmara superior de "Senado". Até mesmo Mussolini e Hitler se inspiraram nos imperadores romanos. No entanto, houve, por muito tempo, uma falsa percepção de que os romanos eram particularmente violentos, burocráticos e autoritários. Pesquisas e abordagens recentes têm mostrado outras facetas e ressaltado a diversidade de valores e comportamentos no mundo romano.

Vejamos, um pouco mais em detalhe, os diversos legados dos romanos, em seus contraditórios aspectos, a começar pela disciplina militar.

A importância do exército

O exército sempre foi um elemento central para o domínio romano. *Parcere Subiectis et debellare Superbos*, "poupar os que se submetem e debelar os que resistem", este foi o lema romano, bem expresso pelo poeta Virgílio na sua obra *Eneida* (6, 851-3).

O historiador Martin Goodman não hesita em designar o Império Romano como uma *autocracia militar*. Para uma população de talvez 50 milhões, havia no primeiro século d.C. milhares de legionários e forças auxiliares, com a seguinte composição:

30 legiões de 5.000 homens	150.000
Infantaria auxiliar	140.000
Cavalaria auxiliar	80.000
Aliados	10.000
Italianos	10.000
Total	**390.000**

Números impressionantes, não? A função do exército, mais do que defender-se de ataques externos ao Império, consistia em reprimir a dissidência interna, pois era sua presença que garantia o poder romano no interior das fronteiras do Império. Goodman chega a dizer que "o império era controlado pelo terror" das armas.

No entanto, o exército, como se viu, era composto por elementos cooptados, de maneira que não se pode falar em uma divisão étnica entre romanos e não romanos. Ao contrário, essa miríade de povos que compunha o exército tornava-se romana, usando o latim e adotando, em grande parte, comportamentos romanos.

A importância do exército para a conquista e manutenção dos domínios territoriais romanos era, também, administrativa e econômica. Esses milhares de soldados tinham que ser abastecidos, e uma parte importante da política de Estado consistia em cuidar da logística da manutenção dessa força. O exército romano formava um corpo cuja

104 GRÉCIA E ROMA

homogeneidade devia ser suficiente para que uma unidade na Bretanha não diferisse muito de uma na Arábia ou na África, a milhares de quilômetros; desse modo os acampamentos eram muito semelhantes, assim como os uniformes, a alimentação, a estrutura, a disciplina. Não nos esqueçamos de que não havia meios de locomoção rápidos, era tudo feito por navios, cavalos e mulas. O abastecimento de víveres era essencial para a manutenção das tropas, e o consumo de trigo, vinho e azeite exigia, em muitos lugares, o transporte desses produtos de longa distância, desde o Mediterrâneo. O Estado tinha, assim, que prover a essas necessidades, por meio de compras no mercado, mas, principalmente, com a intervenção direta na produção. Os impostos eram, em parte, pagos em produtos que seriam encaminhados aos acampamentos.

Havia, na verdade, dois grupos que deviam ser abastecidos por meio da intervenção do Estado: a plebe da capital e os soldados. Para cuidar desse abastecimento, foram criados órgãos administrativos, dos quais o principal era a *annona*, encarregada da distribuição de cereais, mas também em grande medida, de azeite e vinho. (Podemos conhecer esse movimento de produtos, principalmente, por meio da análise dos vestígios materiais estudados pela Arqueologia. Ânforas destinadas ao transporte de azeite, provenientes de algumas áreas produtoras, como a Espanha meridional, continham inscrições de controle e podemos, hoje, reconstituir os mecanismos de distribuição usados pelo Estado romano. E sabe por que se tinha que transportar vinho e azeite? Porque esses eram os hábitos alimentares do Mediterrâneo com os quais os romanos estavam acostumados. Se você pensar bem, perceberá que ainda hoje, no Brasil, o uso do azeite de oliva, óleo que não é produzido em nosso país, vem dessa tradição de origem mediterrânea.)

A SOCIEDADE ROMANA

Apesar das mudanças ocorridas na civilização romana em tantos séculos de sua permanência na história, havia algumas características que se conservaram, ainda que sempre transformadas. Duas grandes divisões sociais mantiveram-se essenciais para os romanos: sempre houve cidadãos e não cidadãos, e livres e não livres. Os livres eram divididos em dois grupos, aqueles de nascimento livre e os libertos, ou ex-escravos alforriados. Os livres de nascimento podiam ser cidadãos romanos ou não cidadãos, tendo os cidadãos direitos que não estavam disponíveis para os outros. Não cidadãos de nascimento livre podiam, individual ou coletivamente, receber a cidadania romana. Assim, a sociedade romana era, ao mesmo tempo, caracterizada por divisões e pela possibilidade de mobilidade, ou seja, um escravo podia deixar de ser escravo e tornar-se livre, e um não cidadão vir a ser um cidadão. Além disso, um escravo podia ser alforriado e seu filho podia tornar-se cidadão. Como cidadão, tinha direito, por exemplo, de ser eleito para exercer alguma magistratura, o que ocorria com relativa frequência, demonstrando a mobilidade social no mundo romano.

Depois do que vimos sobre as mulheres gregas e sua reclusão, você deve estar se perguntando sobre as mulheres romanas. Seriam também tão reprimidas? Elas nunca foram consideradas cidadãs e, portanto, não podiam exercer cargos públicos. No entanto, provavelmente por influência de costumes etruscos, mais liberais com relação a elas, as romanas não viviam isoladas, como as gregas, estavam sempre fisicamente presentes, tanto na vida doméstica, como na vida pública. As mulheres romanas podiam ser educadas e chegavam a tomar parte de campanhas eleitorais, assim como a escrever poesias.

Dionísio de Halicarnasso dá uma ideia de como eram vistas as mulheres romanas.

Rômulo manteve as mulheres em grande e sábia modéstia, graças ao estabelecimento de uma única lei (que a todas as outras superava como mostraram os fatos) a qual estipulava que a mulher casada, conforme a união sagrada do matrimônio, devia participar de todos os bens do marido e de todas as coisas santas.

Fonte: DIONÍSIO DE HALICARNASSO. *Antiguidades romanas*, 25,2, publicado em PINSKY, Jaime (org.) *100 textos de História Antiga*. São Paulo: Contexto, 1988, p. 113.

106 GRÉCIA E ROMA

No tempo das grandes conquistas, os romanos classificavam os cidadãos em "ordens", ou seja, em agrupamentos de pessoas definidos não apenas pela riqueza, mas também pelo reconhecimento social. Havia três ordens principais: a *plebeia*, a *equestre* e a *senatorial*. Os plebeus eram os cidadãos comuns, em sua maioria pobres. Os equestres, ou cavaleiros, eram aqueles que, originalmente, tinham posses suficientes para serem cavaleiros do exército e, mais tarde, eram os que tinham certa renda mínima, muitas vezes comerciantes e, em geral, eles não se ocupavam diretamente da política, mas mantinham relações estreitas com os nobres. Os pertencentes à ordem senatorial eram os nobres, os únicos que podiam participar do Senado, tinham uma renda mínima elevada e não podiam praticar comércio, que não era uma atividade muito valorizada, embora as riquezas trazidas por ela, contraditoriamente, fossem muito apreciadas. Parece estranho, mas é isso mesmo, aos senadores era proibido comerciar. Para nós, não faz sentido, mas para os romanos era uma questão de *status*. O valorizado era ser proprietário rural. Entretanto, as pessoas podiam passar de uma ordem a outra, não havia barreiras intransponíveis. Além dessas ordens principais, existiam inúmeras outras, como a ordem dos agricultores, pastores, mercadores, cobradores de impostos, de sacerdotes, entre outras.

A maioria dos habitantes do mundo romano era formada de homens livres. Entretanto, enquanto duraram as conquistas, o número de escravos não cessou de aumentar. Havia provavelmente vários milhões deles no Império em seu conjunto, nos séculos I e II d.C.

> *O jurista romano Gaio, em sua obra* Instituições, *fala dos possíveis estatutos jurídicos dos homens.*
>
> A principal divisão no direito das pessoas é esta: todos os homens são livres ou escravos. Entre os livres, alguns são nascidos livres, outros são libertos. Nascidos livres são aqueles que nasceram em liberdade; os libertos são aqueles que foram libertados de uma escravidão legal. Há três tipos de libertos: cidadãos romanos, latinos e submetidos.
>
> Fonte: GAIO. *Instituições* (1,3,9-12), publicado em FUNARI, Pedro Paulo, "A cidadania entre os romanos", em PINSKY, Jaime; PINSKY, Carla (orgs.) *História da cidadania*. São Paulo: Contexto, 2003, p. 57.
>
> *

ROMA **107**

> *Gaio, na mesma obra, fala a respeito dos escravos em Roma.*
>
> Os escravos devem estar submetidos ao poder de seus amos. Esta espécie de domínio já é consagrada no direito dos povos; pois podemos observar que, de um modo geral, em todos os povos, o amo tem sobre os escravos poder de vida e morte, e tudo aquilo que se adquire por intermédio do escravo pertence ao amo. Mas hoje em dia não é permitido nem aos cidadãos romanos, nem a um dos que se acham sob o império do povo romano, castigar excessivamente e sem motivo os escravos. Pois em virtude de uma constituição do imperador Antonino, aquele que matar sem motivo seu próprio escravo é passível de sanção, da mesma forma que aquele que matar o escravo de outrem. [...] não devemos fazer mau uso de nossos direitos; é em virtude do mesmo princípio, que se proibiu ao dissipador a administração dos próprios bens.
>
> Fonte: GAIO. *Instituições* (I,52/3), publicado em PINSKY, Jaime (org.) *100 textos de História Antiga*. São Paulo: Contexto, 1988, p. 15.

Em Roma, com o crescimento do Império, os libertos passaram a ter uma situação à parte, pois alguns deles tornaram-se funcionários públicos e atingiram os mais altos postos do Estado. Outros enriqueceram no comércio, de modo que alguns libertos chegaram a participar da aristocracia, ainda que não tivessem certos direitos, como a possibilidade de serem eleitos para algum cargo.

Durante os séculos I e II d.C., os imperadores ampliaram o direito de cidadania romana a muitos provincianos: aqueles que serviam no exército tornavam-se cidadãos romanos após ficarem liberados do serviço militar.

De modo geral, pode dizer-se que sempre houve possibilidade de mudar de posição na sociedade romana, mas, em toda a história de Roma, sempre houve dois grandes grupos sociais: as classes subalternas e as classes altas, ou pessoas de poucas posses e aquelas com muitos recursos. Podiam ascender socialmente aqueles que estavam em contato com as elites, como é o caso dos escravos de homens ricos e que obtinham a liberdade, tornando-se eles próprios milionários. Contudo, a maioria dos escravos não estava nessa situação e os livres pobres tampouco tinham tais oportunidades.

108 GRÉCIA E ROMA

Com o desenrolar das conquistas, Roma passou a basear grande parte de sua economia no trabalho escravo. Os escravos eram fundamentalmente prisioneiros de guerra, o que obrigava os governantes a se empenharem, constantemente, na conquista de novos territórios e povos. Os escravos podiam pertencer ao Estado ou a particulares. Trabalhavam nas grandes obras públicas, oficinas, agricultura, minas, pedreiras e também como criados, músicos, professores, secretários, podiam também ser gladiadores (homens que combatiam nos espetáculos de circo contra animais perigosos ou entre si em apresentações sangrentas que, muitas vezes, terminavam em morte).

Fragmento de um relevo em mármore representando um embate entre dois gladiadores.

Com o sucesso das conquistas, aumentou significativamente a quantidade de escravos advindos das capturas de prisioneiros de guerra. Até o século III a.C., havia em Roma apenas alguns poucos escravos. Porém, após o sucesso romano nas Guerras Púnicas, a partir do século III a.C., o número de escravos multiplicou-se muito. Os cidadãos ricos passaram a possuir centenas e, por vezes, milhares deles. Os grandes proprietários exploravam o trabalho escravo em seus domínios, enquanto os comerciantes e administradores o utilizavam em suas lojas, oficinas e escritórios. Devido aos maus-tratos, houve tanto em Roma como na Itália inúmeras revoltas de escravos nos séculos II e I a.C. – a mais famosa foi a de Espártaco, de que falaremos mais adiante.

Boa parte das terras tomadas dos povos derrotados pelo Estado romano foi arrendada a membros dos grupos dirigentes que, posteriormente, passaram a considerá-las suas propriedades, ampliando ainda mais os domínios particulares. Por outro lado, ocorreu o empobrecimento e, em certos lugares, o desaparecimento dos pequenos agricultores, devido a diversos motivos, como o recrutamento dos legionários, ainda na época do serviço militar obrigatório, antes de 111 a.C., e a desvantagem na concorrência do preço de seus produtos em relação aos valores dos produtos agrícolas que chegavam das províncias. (As plantações nas províncias do norte da África ou da Sicília eram em geral mais baratas que as do Lácio, devido à fertilidade da terra.) A concentração da terra nas mãos de grandes proprietários fez com que a produção de seus escravos concorresse com vantagens com a dos pequenos produtores. Os camponeses romanos que não podiam suportar a concorrência arruinavam-se. Desencorajados e empobrecidos, pouco a pouco, abandonavam suas terras, a partir do início do século II a.C., e se estabeleciam em Roma. Em decorrência desse processo, o povo romano, que antes era formado principalmente de camponeses, passou a se constituir sobretudo por urbanos. Esses camponeses que vieram a se estabelecer em Roma haviam perdido todas as suas posses e não podiam viver senão de seu trabalho, quando encontravam algum, e passaram a ser chamados então de *proletários*, significando que sua única riqueza eram seus filhos, *proles*, em latim. Uma vez nas cidades, muitos não encontravam emprego, pois vários ofícios já estavam sendo exercidos por escravos; os ex-camponeses, sem ter o que fazer, ficavam reduzidos à miséria. Não foi muito diferente do que ocorreu com os pequenos artesãos, que viram sua produção comprometida pela presença significativa de escravos na indústria artesanal fabricando artigos de bronze, vidro, ferro, cerâmica, vinho.

Durante muitos séculos, a agricultura foi a principal atividade econômica do mundo romano. Entretanto, no período republicano, o comércio se desenvolveu de forma nunca vista até então: após dominar a península itálica, Roma tornou-se o centro comercial da região e, ao derrotar Cartago, passou então a ter controle sobre as rotas comerciais do Mediterrâneo ocidental.

110 GRÉCIA E ROMA

As vitórias presentearam os romanos com um grande afluxo de metais preciosos, que permitiu o desenvolvimento da circulação de moedas e um crescimento impressionante do comércio, que se tornou volumoso e importante entre Roma e suas províncias – regiões que forneciam a preços baixos trigo, objetos de luxo, madeira, cobre, estanho, prata, peles, queijo, especiarias. A Itália em geral declinou, enquanto as províncias progrediam e enviavam seus produtos ao mundo romano por mar.

Em decorrência da exploração das regiões conquistadas, com o recebimento de impostos e de gêneros alimentícios, principalmente cereais, por preços considerados irrisórios e o acúmulo de metais preciosos, o Estado romano fortaleceu-se.

As mesmas guerras de conquista que arruinaram os pequenos camponeses enriqueceram uma minoria de cidadãos romanos. Entre os cidadãos ricos dessa nova era estavam os *grandes proprietários* (patrícios ou plebeus enriquecidos que conseguiram ampliar seu poder econômico graças às aquisições que faziam a preços baixos das terras dos camponeses pobres), os *comerciantes* (importadores ou donos de dezenas de oficinas e lojas em Roma) e os *publicanos* (como eram chamados os cobradores de impostos). Os comerciantes enriquecidos passaram a exigir, e conquistar, cada vez mais participação no poder político, condizente com seu poder econômico.

Outra transformação importante na sociedade romana, em consequência do sucesso das conquistas e da utilização do trabalho escravo em grande escala, foi o aumento significativo do contingente de plebeus desocupados. A estes juntaram-se as levas de pequenos agricultores arruinados que faziam crescer os números do êxodo rural e inchar as cidades, sobretudo a capital. Para amenizar o problema social das massas de desocupados que habitavam Roma, o Estado resolveu dar-lhes subsídios.

Pode-se dizer que Roma contava então com dois grupos sociais bem distintos: uma minoria muito rica, que constituía o grupo político dirigente no exército e nas instituições, e uma grande massa de pobres, que vivia "do pão e do circo", ou seja, recebia alimentos a preços baixos e espetáculos públicos gratuitos para sua diversão.

O mais conhecido anfiteatro romano é o Coliseu,
assim chamado porque, ao seu lado, havia uma estátua colossal de Nero.

Um grafite, ou inscrição feita na parede, mostra o momento final de uma luta de gladiadores: o lutador à esquerda, M. Atílio, vence L. Récio, que se ajoelha e depõe o capacete no solo, à espera da decisão popular. A plateia poderia mostrar o polegar para baixo, condenando o perdedor à morte ou, pela bravura do combatente, conceder-lhe a vida, levantando o polegar para cima. Nesse caso, o perdedor lutou corajosamente e está escrito que lhe foi concedida a vida (CIL IV – 10.236).

Enfim, a vida econômica desenvolveu-se muito, mas a prosperidade foi desigual.

Família, infância e escola

Os romanos usavam a palavra *familia*, que em português é a mesma, para falar de algo muito mais amplo do que nós. Os romanos chamavam de família tudo o que estava sob o poder do pai de família e que dividiam em três grupos: os *animais falantes*, os *mudos ou semifalantes* e as *coisas*. Assim, o pai possuía mulher, filhos e escravos como animais falantes, vacas e cachorros como animais semifalantes, e suas casas e mobília como coisas. Em princípio, o pai tinha direito de vida e morte sobre os membros de sua família ainda que, na prática, houvesse algumas limitações. Um pai de família tinha também muitos *clientes* (que nada têm a ver com os nossos "clientes"), pessoas mais pobres do que ele e que lhe ofereciam apoio em troca de benefícios diversos, como dinheiro para comprar roupas, por exemplo. O patriarca era chamado de *pater familias*, "pai de família", pro-prietário de todos os bens: esposa, filhos, escravos, animais, edifícios, terras e tudo girava em torno dele, daí derivando o *patriarcado*, uma instituição cujo legado está conosco até hoje, um regime social em que o pai exerce autoridade preponderante.

As ligações familiares eram naturalmente menos fortes nas famílias plebeias. Entretanto, o pai exercia, igualmente, grandes poderes sobre sua mulher e seus filhos, que, mesmo quando se casavam, continuavam sob seu domínio formal.

Como constituir uma família? Nas famílias ricas, em geral, os pais dos noivos acertavam o casamento de seus filhos. O noivo era, normal-mente, um homem experiente, entre 30 e 40 anos de idade, enquanto a noiva era bem mais jovem, entre 12 e 18. O casamento era selado por um contrato de matrimônio e por um aperto de mão dos noivos. Os noivos não se beijavam na ocasião; o matrimônio era apenas uma união de famí-lias, não se pensava no amor entre os noivos.

Como era uma cerimônia de casamento da elite? Segundo podemos deduzir das fontes, quando se celebrava o noivado, havia uma festa, na qual se elaborava o contrato de casamento. Como parte do contrato, o pai da moça devia dar um *dote* (equivalente ao preço para comprar um marido). Na véspera do casamento, os noivos dedicavam seus brinque-dos aos deuses familiares, que haviam abençoado sua meninice. A casa era decorada com flores e os bustos dos ancestrais eram trazidos para a ocasião. No dia do casamento, a noiva vestia-se de branco. A cerimônia começava com um sacerdote que buscava saber se um casamento naquele dia seria bem-sucedido, por meio de rituais que lhe diriam se o dia era fasto (propício) ou nefasto (impropício) à união. Em caso positivo, os noivos assinavam um registro de casamento, diante de testemunhas, davam-se as mãos e rezavam juntos para que o matrimônio fosse feliz. A noiva prometia ao noivo: "aonde você for, eu vou junto", e a cerimônia terminava com um sacrifício em honra aos deuses.

A nova família de elite tinha como objetivo a reprodução de herdeiros, e os filhos não tardavam a nascer. O parto era em casa, com a ajuda de escravas e parteiras. A mãe ou as escravas com leite amamentavam o bebê, o pai podia às vezes carregar o filho, ainda que normalmente houvesse escravos para fazer isso. O recém-nascido tomava banhos em bacias e logo que crescia um pouco ganhava brinquedos, bonecas e miniaturas de animais e de carros de corrida.

Já mais crescidinho, o menino aprendia a ler e começava a ter aulas, tanto em casa, com professor particular, como em uma escola mantida pelo Estado. Estas eram pouco numerosas e não atingiam a maioria das crianças. O aluno devia levar uma malinha com o material escolar: tinteiro, penas, cadernos de madeira para os exercícios, e encontrava na escola livros que devia estudar. Os alunos iam para casa almoçar e voltavam à tarde para continuar o estudo. Havia, também, brincadeiras e uma das mais comuns era "par ou ímpar", jogado com castanhas que eram escondidas por um dos dois jogadores, para que o outro descobrisse se eram em número par ou ímpar. Brincava-se com bolas e uns carregavam outros nas costas. Os rigores da educação de uma criança da elite podem ser avaliados pela descrição que Plutarco (século II d.C.), na obra *Vida de Catão* (20, 3-6), dá da educação dada por Catão (século II a.C.):

> Tão logo Catão tinha um filho, somente algum negócio de Estado urgente o impedia de estar presente quando sua esposa banhava e vestia o bebê. A mãe amamentava ela própria o bebê e, muitas vezes, fazia o mesmo com os filhos das escravas para que, criando todos juntos, se tornassem amigos. Logo que o menino podia entender, Catão tomava conta pessoalmente do menino, ensinando a ler, ainda que tivesse um escravo inteligente, Quilão, que era professor e tinha

114 GRÉCIA E ROMA

diversos alunos. Catão considerava que não era certo seu filho depender de um escravo para aprender, nem dever seu conhecimento a um escravo. Não apenas ensinou seu filho a lutar e andar a cavalo, como a lutar boxe, aguentar o calor e o frio, e nadar contracorrente. Escreveu um livro de História de Roma, em letras maiúsculas, para que seu filho pudesse aprender as tradições romanas em casa.

Como saber o que as crianças aprendiam nas escolas? Ápio Cláudio Cego, o primeiro escritor latino que se conhece, compôs, no século IV a.C., algumas frases poéticas que continham ensinamentos morais e eram decoradas pelos alunos:

> Manter a alma equilibrada para que não possam surgir o engano, a maldade, a violência.
> Quando vês um amigo, te esqueces do sofrimento.
> Cada um é fabricante de sua própria sorte.

Também fábulas eram aprendidas, como esta, reportada por Fedro, contador de histórias latino nascido em cerca de 30 a.C.:

> Casualmente, a raposa viu a máscara.
> – Que bonita! Exclamou. Mas não tem cérebro!
> Isto foi dito para quem a Sorte
> Deu honra e glória, mas tirou o juízo.

As crianças tinham um estatuto jurídico específico. Já disse, antes, que as fases da vida variam de sociedade a sociedade e de época a época, e em Roma não era diferente. O Direito romano distinguia três categorias de crianças e jovens, de acordo com a idade: as *crianças*, os *impúberes* e os *menores de 25 anos*. A criança é aquela que não fala, o que nós chamaríamos de bebê. O impúbere, antes da puberdade ou nascimento dos pelos, estava, necessariamente, sob a autoridade do pai ou de um tutor. A partir daí até os 25 anos, era quase um adulto. Segundo um jurista romano, Gaio: "os meninos livram-se da tutela quando atingem a puberdade. Sabino e Cássio e outras autoridades consideram que uma pessoa atinge a puberdade quando o corpo mostra que pode procriar" (I, 196).

A maioria dos romanos, na verdade, era pobre e suas famílias eram bem diferentes. Os humildes casavam-se, não por arranjos de família, mas para poderem se ajudar no trabalho. A diferença de idade entre marido e mulher era, em geral, menor que entre os casais ricos, e a família humilde tinha poucos ou nenhum escravo. Desde cedo, os filhos tinham que ajudar os pais no ganha-pão, e aprendiam a ler e escrever com os pais e com professores também pobres, escravos ou libertos.

Enquanto os meninos ricos aprendiam a oratória, para que pudessem falar bem em público, os humildes estavam interessados em dominar um pouco a escrita e as contas. Meninos de posses aprendiam, desde muito cedo, o grego, que deviam falar e escrever perfeitamente, assim como escreviam um latim muito elaborado. Dominar a oratória era importante para os jovens da elite, pois se acreditava que toda a vida pública dependia da arte de defender, por meio das palavras, suas ideias e interesses, motivo pelo qual os romanos tanto valorizavam a arte da retórica. Já os outros meninos sabiam do grego apenas aquilo que era necessário para o dia a dia, e falavam e escreviam um latim vulgar.

Os objetivos do ensino primário eram o domínio da língua latina e o aprendizado de algo de matemática, enquanto o ensino médio e o superior voltavam-se para o domínio da composição literária, com ênfase para a gramática latina, métrica da poesia e literatura. O ensino superior preparava o jovem para a eloquência e a atuação nos tribunais e na vida política, o que mostra bem como a instrução era eminentemente masculina, ainda que houvesse mulheres educadas.

Para os jovens de famílias mais influentes, o treinamento militar iniciava-se desde cedo: disciplina, adestramento físico, prontidão e habilidade no manejo das armas faziam parte do cotidiano daqueles que frequentavam o Campo de Marte, local onde eram realizados os exercícios de arremesso de disco e de dardos, equitação e natação. Essa educação com vista à guerra contribuiu, segundo alguns autores, para a expansão do Império, na medida em que dela resultaram militares competentes.

Os romanos com pretensões sociais deviam dominar, ao mesmo tempo, a oratória, para atuar em reuniões, e a arte militar, para poder se destacar no comando das tropas. Esses dois aspectos do adestramento estavam sempre juntos, como mostra o caso de grandes generais e escritores, como Júlio César (século I a.C.) ou Marco Aurélio (imperador entre 161 e 180 d.C.). Nesse quadro, a educação das meninas era pouco considerada, pois as mulheres não podiam ter participação na vida pública nem no exército. No entanto, sabemos que muitas meninas humildes também eram alfabetizadas e que houve entre o povo romano algumas poetisas e intelectuais.

Afresco de Pompeia, do século I d.C., retrata um casal romano com instrumentos destinados à escrita.

Amor e sexualidade

Amor é um tema delicado, pois, como vimos antes, varia tanto de sociedade a sociedade e de época a época. Já se mencionou que as mulheres romanas, à diferença das gregas, não viviam tão apartadas e interagiam mais com os homens. Já se disse, também, que as sociedades patriarcais como a grega e a romana estavam baseadas no domínio masculino, e alguns estudiosos chegam a afirmar que se trataria de "sociedades do estupro". Os pesquisadores divergem, no entanto, quanto à caracterização das relações entre homens e mulheres no mundo romano.

Todos concordam que as mulheres romanas tinham relativamente uma inserção social bastante ampla, participavam de banquetes e reuniões sociais importantes, à diferença das esposas gregas, tinham direito de propriedade, podendo ser até mesmo proprietárias de empresas. Embora, por definição, não pudessem votar ou ser eleitas, as inscrições encontradas na cidade de Pompeia mostram que as mulheres não se furtavam a apoiar, com cartazes, seus candidatos aos cargos públicos, o que demonstra sua influência social.

Parte de mosaico da Villa Romana del Casale, representando duas mulheres em trajes de banho, exercitando-se.

118 GRÉCIA E ROMA

Também graças à Arqueologia, possuímos alguns documentos escritos por romanas, já que a tradição literária não nos transmitiu nem sequer um texto latino de autoria feminina. Entre os documentos epigráficos escritos por mulheres, há poemas amorosos, tanto de lavra erudita como popular. Os versos de uma aristocrata do primeiro século d.C., Sulpícia, reproduzidos por Tibulo são ousados:

> Luz minha, que eu não seja mais
> o teu amor ardente, como me parece
> era até há poucos dias
> se em tudo o tempo da minha juventude
> cometi um erro do qual – confesso –
> tanto me arrependi:
> ter-te deixado só a noite passada
> porque queria esconder o meu ardor.

Mas também uma moça do povo deixou-nos, dessa vez diretamente, com sua escrita de próprio punho, um poema nas paredes de Pompeia (poema de uma autora anônima, encontrado na cidade de Pompeia, CIL IV 5296):

> Oh, permitido fosse ter os bracinhos em volta ao colo
> E beijos nos ternos lábios,
> Vão, agora, com teus gozos aos ventos, menininhas,
> Creiam-me, volúvel é a natureza dos homens,
> Tantas vezes, eu, apaixonada, na madrugada, em vigília,
> Pensava comigo mesma: muitos, alçados pela Fortuna ao topo,
> Foram, súbita e precipitadamente, rebaixados.
> Assim, Vênus, tão logo junte os corpos dos amantes,
> Divide a luz...

Quanta ousadia dessas romanas, quanto sentimento! Mas há também outros documentos femininos, como um convite de uma senhora para sua festa de aniversário, por volta do ano 100 d.C., na Bretanha:

> Cláudia Severa para Lepidina, saudações. Convido-te a vir à comemoração do meu aniversário, no dia 11 de setembro, o que tornará o dia mais agradável, com a tua presença. Saudações a teu marido

Cerealis. O meu Élio saúda-te e teus filhos. Espero-te, irmã. Saudações, irmã caríssima. Espero estar bem e saudações.
Para Sulpícia Lepidina, esposa de Flávio Cerealis, de Severa.

Você notou como, nesse convite, é a mulher quem organiza a festinha e convida as pessoas, tudo de forma autônoma? E isso vivendo em plena fronteira, em um acampamento militar. Podemos imaginar, portanto, como seria a situação das mulheres em lugares menos isolados e civis. As romanas tinham uma posição ímpar que talvez só possa ser comparada àquela do século XX, no Ocidente, algo notável na história.

Imagem de uma jovem de elite de Antinópolis (cerca de 117-118), uma sociedade romana instalada no Oriente Médio, com maquiagem, vestes e adornos influenciados pelos estilos gregos e egípcios.

Na literatura latina, as mulheres aparecem de forma contraditória. Muitos autores foram francamente misóginos, apresentando uma visão bastante crítica da mulher, ainda que, mesmo nesses casos, se possa entrever a importância social feminina. Um bom exemplo é uma piada inserida no romance irônico *Satíricon*, de Petrônio, escrito no primeiro século d.C. Segundo a piada, uma dama, a única honesta que havia, estava em Éfeso e, ao morrer seu marido, ela continuou fiel e resolveu ficar ao lado de seu corpo na tumba, até que ela própria morresse de inanição. Levou consigo apenas uma escrava, que também iria perecer. Contudo, não longe da sepultura, um soldado que tomava conta de um crucificado para que os familiares não viessem retirar seu

GRÉCIA E ROMA

corpo para as exéquias, percebeu a presença da senhora, pranteando o marido morto. Ficou sensibilizado com tanta dedicação e, adentrando a tumba,
ofereceu sua ração, tentando convencê-la a aceitar e viver. A dama recusou-se,
mas o odor do vinho acabou persuadindo a escrava, que acabou convencendo
a patroa a matar a fome. Satisfeito um desejo, outro surgiu, a dama se afei-
çoou ao soldado e passaram a viver ali como marido e mulher. Na ausência
do soldado, os familiares do crucificado retiraram seu corpo para providenciar
seu enterro. Quando o soldado descobriu, sabendo que seria punido, preferiu
a honra e decidiu dar cabo à sua vida. Nesse momento, a dama o impediu,
dizendo que não perderia dois maridos e ordenou que pendurasse o corpo
de seu primeiro marido, o morto, na cruz. No dia seguinte, todos gritavam:
milagre! O morto voltou à cruz!

Essa piada machista não deixa, por seu lado, de mostrar como os
homens podiam, ou temiam, ser submetidos aos desejos femininos.

Mas nem todos os autores romanos eram misóginos, pelo contrário.
Ovídio (AA 2, 685-9) escreveu:

> Quero ver a mulher de olhos rendidos,
> a exausta mulher que desfalece
> e que por muito tempo não consente
> que lhe toquem no corpo dorido de prazer.

Ou ainda outro belo poema, de Catulo:

> Vamos viver, minha Lésbia, e amar,
> e aos rumores dos velhos mais severos,
> a todos, voz nem vez vamos dar. Sóis
> podem morrer ou renascer, mas nós
> quando breve morrer a nossa luz,
> perpétua noite dormiremos, só.
> Dá mil beijos, depois outros cem, dá.
> Muitos mil, depois outros sem fim, dá
> Mais mil ainda e enfim mais cem – então
> Quando beijos beijarmos (aos milhares!)
> Vamos perder a conta, confundir.
> P'ra que infeliz nenhum possa invejar,
> Se de tantos souber, tão longos beijos.

ROMA *121*

Já se tratou das relações entre pessoas do mesmo sexo no mundo grego e mencionou-se que essas relações eram conhecidas pelos romanos como "amor grego". Os romanos, no entanto, tampouco se opunham a essas práticas. Na elite romana, aceitava-se como natural que um homem mantivesse relações com mulheres e com homens, em especial, o patrão com seus escravos e escravas. Por muito tempo, considerou-se que as relações entre pessoas do mesmo sexo em Roma fossem um costume aprendido com os gregos, mas as diferenças entre as práticas gregas e romanas parecem indicar que não é esse o caso. Entre os romanos, não havia separação tão radical entre homens e mulheres, e a relação entre homens não era "pedagógica" como entre os gregos. Segundo uma interpretação amplamente aceita, os homens romanos deviam penetrar para serem considerados homens de verdade e não podiam ser penetrados. Contudo, parece que a masculinidade romana não estava baseada nisso; o caso de Caio Júlio César é sintomático a esse respeito: ele era considerado um grande conquistador de mulheres e todos conhecem sua história de amor com Cleópatra. O mesmo César, contudo, tinha a fama de ser "esposa de todos os homens e marido de todas as mulheres"! Seria mais apropriado considerar que o condenável na sociedade romana era o fato de fazer-se passar por alguém do outro sexo, e não o de manter relações com pessoas do mesmo sexo, seja de forma ativa ou passiva.

Sabemos, principalmente por meio de pinturas e grafites parietais, que os pobres namoravam, frequentavam prostíbulos. E há mesmo indícios de que havia mulheres de posses que pagavam pelos serviços de prostitutos.

Para os romanos, ricos ou pobres, a sexualidade também era intimamente ligada à religiosidade e, em particular, ao culto à fertilidade. Em toda a parte, encontravam-se objetos fálicos, nas paredes das casas, nos cruzamentos, como pingentes em colares, em anéis. As casas tinham, no telhado, falos nas extremidades, cujos vestígios podem ser vistos nas casas atuais, agora já sem a forma de pênis, mas como uma telha que se alça de maneira aparentemente inexplicável. Até mesmo as campainhas das casas romanas podiam ser em forma de um ou mais falos, que o visitante tinha de tocar para fazer o ruído e fazer-se notar. Essa presença generalizada de membros eretos causa, nos modernos, certa surpresa, um estranhamento de que os romanos não tivessem vergonha de tão explícita referência sexual. Para os romanos, contudo, o falo era associado à magia da reprodução e, por isso, era considerado um potente amuleto contra o mau-olhado e o azar. Sua presença nos limites, como no telhado, nas soleiras e nas campainhas, tinha essa função protetora contra as más intenções. As próprias relações sexuais, pelo mesmo motivo, eram consideradas abençoadas e propiciatórias, e até mesmo a referência verbal ao ato sexual tinha essas conotações. Nós herdamos dos romanos a figa – que quer dizer vagina, em latim popular – como gesto que representa a relação sexual e que, por isso, traz a sorte. É provável que esse caráter sagrado e propiciatório das relações sexuais esteja na base da maneira como os romanos encaravam, com naturalidade, um general "esposa e marido" ao mesmo tempo, pois, de certa forma, era sempre a divina fertilidade em ação. Não por acaso, Júlio César considerava-se descendente de Eneias, filho de Marte (o deus da guerra) e Vênus (a deusa do amor), ideia essa que talvez ilustre à perfeição a convivência dos princípios da força e da procriação.

A VIDA COTIDIANA

Estamos tão acostumados com nosso dia a dia que fazemos tudo "automaticamente". Levantamos, escovamos os dentes, nos banhamos sozinhos, nos vestimos, tomamos café da manhã... Bem, basta para perceber que tudo isso, que fazemos sem muito pensar, não vale para outros lugares e épocas. Como seria o dia de um romano da cidade, então?

Os romanos costumavam acordar com o raiar do dia. As lojas em Roma abriam cedo, e as crianças costumavam comprar pães ou bolinhos na ida para a escola. Às oito horas, abriam-se os bancos e as repartições públicas. Na praça central, ou fórum, localizavam-se as lojas, repartições e outros negócios, o que dava um aspecto movimentado e barulhento ao lugar. O trabalho ia até o meio-dia, quando tudo fechava para o almoço e, no verão, dormia-se um pouco, fazendo-se uma sesta. O almoço era uma refeição leve: pão, azeitonas, queijo, nozes, figos secos e algo para beber. Havia quem levasse uma marmita e comesse seu almoço na rua, ou assistindo a uma luta de gladiadores no anfiteatro. Tudo reabria depois do almoço e, à tarde, ia-se tomar banho nas termas públicas, edifícios elaborados onde se podia banhar de graça em banheiras de água fria e quente.

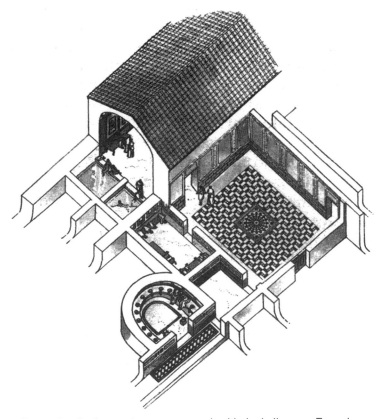

Reconstrução de uma terma romana, da cidade de Iluro, na Espanha.
As pessoas banhavam-se e iam à latrina juntas.
Construções públicas como essas eram locais importantes de encontro social.

Em muitas termas havia salas de ginástica, passeios à sombra de árvores, salões, que podiam ser usados mediante pagamento. Em geral, primeiro se banhavam as pessoas de posses, entre às duas e às quatro da tarde. Após o expediente, vinham banhar-se os mais humildes. Esses banhos, não esqueça, não eram como as nossas duchas, eram banhos em água fria e quente, em banheiras coletivas. À noite, havia a principal refeição do dia, a ceia. Os pobres contentavam-se com pão, vegetais e vinho de segunda. Os que podiam tinham longas ceias, que duravam várias horas e se compunham de três pratos: uma entrada, o prato principal, com algum tipo de carne, e a sobremesa, frutas frescas ou doces.

Os romanos da cidade viviam em casas ou em prédios de apartamentos. Isso mesmo, havia prédios de apartamentos, chamados de *insulae*, "ilhas", onde viviam as pessoas de menos posses nas cidades grandes. Como não existiam elevadores, quanto mais alto o apartamento, menores eram as unidades e mais gente vivia em condições próximas às de nossas favelas. Os prédios podiam ter até seis andares. As casas eram usadas pelas pessoas de posses, embora no campo houvesse também casebres muito humildes.

A vida na cidade era movimentada, o burburinho das ruas era sentido por todos. Os romanos adotaram o sistema de cidades planejadas em tabuleiro tanto por influência grega como, principalmente, por direta transposição dos esquemas dos acampamentos militares. Os romanos construíram muitas delas, primeiro na Itália e, a partir do século II a.C., em todo o Ocidente, a começar pela Espanha, passando pela Gália, África do Norte, Bretanha. Grande parte das cidades de países como Itália, Espanha, Portugal, Bélgica, Suíça e Inglaterra foi fundada pelos romanos. Na península ibérica, são exemplos de cidades romanas importantes Lisboa, Barcelona, Sevilha; na França, Lyon; na Alemanha, Colônia e Munique; na Inglaterra, Londres. (Diversas cidades conservam até hoje o traçado das ruas estabelecido pelos romanos, ao menos em sua área central.) A cidade planejada contava com duas avenidas principais, que se cruzavam de norte a sul (*cardo*) e de leste a oeste (*decumanus*). A partir delas, seguiam-se ruas paralelas que formavam um traçado regular e ortogonal da cidade, como se fosse um tabuleiro de xadrez. No centro, havia os principais edifícios públicos, que organizavam o espaço urbano: fórum (mercado), basílica (edifício administrativo), um ou mais templos, termas (banhos públicos), latrinas, teatros. As aulas eram, muitas vezes, dadas aos alunos em um dos cômodos do fórum. Por toda a cidade, espalhavam-se lojas, como padarias e bares. Na periferia, localizavam-se o anfiteatro, para as diversões, locais de treinamento físico, hortas e, às vezes, depósitos de lixo. A cidade era cercada por uma muralha e a entrada restringia-se a grandes portas, muitas delas ainda em uso hoje em dia. As paredes das cidades estavam sempre cobertas com cartazes eleitorais, pedindo aos transeuntes o voto para os candidatos aos diversos cargos municipais.

A cidade era dos vivos e, por isso, os mortos eram enterrados ou suas cinzas depositadas em monumentos funerários além-muros. Os cemitérios seguiam as estradas que saíam pelas portas da cidade. Quando se caminhava para fora da cidade, sempre se passava pelas tumbas, com suas inscrições, figuras e estátuas.

As cidades estavam ligadas entre si por uma rede de estradas enorme. (Até o século XIX e a invenção da ferrovia, as melhores estradas eram, ainda, as romanas, muitas delas utilizadas até hoje!) As estradas serviam não tanto para o transporte de mercadorias, que seguiam, sempre que possível, por água, já que era mais rápido e barato, mas principalmente para a movimentação de tropas militares e do correio. Usavam-se cavalos e burros para puxar carroças. Nas estradas, havia marcas de milhagem, em geral usadas para comemorar reparos e melhoramentos na via. A cada 40 quilômetros, mais ou menos, havia "estações" ou postos de controle. Como as viagens eram demoradas, costumava-se parar para dormir em hospedarias, ao longo do caminho.

Os romanos dividiam o dia em 12 horas diurnas e 12 noturnas, que começavam com o raiar do sol e variavam do verão para o inverno. No verão, o dia começava às 4h30 e terminava às 19h30 e, no inverno, ia das 7h30 às 16h30:

	HORA MODERNA CORRESPONDENTE APROXIMADA
Primeira hora	6:00-7:00
Segunda hora	7:00-8:00
Terceira hora	8:00-9:00
Quarta hora	9:00-10:00
Quinta hora	10:00-11:00
Sexta hora	11:00-12:00
Sétima hora	12:00-13:00
Oitava hora	13:00-14:00
Nona hora	14:00-15:00
Décima hora	15:00-16:00
Décima primeira hora	16:00-17:00
Décima segunda hora	18:00-19:00

126 GRÉCIA E ROMA

Podemos ter uma noção de um dia típico de um *pater familias* romano por meio deste epigrama de Marcial (Epigrama IV, 8):

> As primeira e segunda horas são destinadas ao atendimento dos clientes pobres dos ricos senhores.
> A terceira hora põe a garganta dos advogados a trabalhar até que fiquem roucas.
> Os outros afazeres de Roma continuam até que a quinta hora termine.
> A sexta hora traz o descanso aos que estão esgotados de trabalho.
> A sétima hora vê o fim da sesta.
> A oitava hora mantém os lutadores felizes, brilhando com azeite na pele.
> A nona hora diz-nos para levarmos nossas carcaças até os sofás, junto à mesa de jantar, cheia até o ponto de não suportar o peso das comidas.
> A décima hora é o momento de ler meu livrinho de poemas, Eufemo, enquanto você prepara pratos dignos dos deuses.

A maioria da população, entretanto, vivia no campo, em fazendas ou em aldeias. Os camponeses que viviam em aldeias trabalhavam a terra e sustentavam-se com a venda ou troca da sua produção agrícola por produtos de que necessitavam, como ferramentas.

As casas de fazenda dos grandes proprietários eram suntuosas e algumas eram verdadeiros palácios. No campo, muitas vezes o grande proprietário deixava a administração da fazenda nas mãos de um escravo-capataz, como nos conta Catão (*Sobre as coisas do campo*, 5):

> Estes são os deveres do capataz. Deverá ter disciplina; observará os dias festivos, respeitará a propriedade alheia e cuidará da sua. Mediará nas disputas entre subordinados. Se alguém cometer delito, a punição será na justa medida. Cuidará para que sejam bem tratados, não tenham fome ou sede e que não prejudicarão nem roubarão ninguém. Qualquer infração cometida será responsabilidade do capataz, que será punido, nesse caso, pelo senhor... Será sempre o primeiro a sair e o último a voltar para a cama: antes disso, certificar-se-á de que as portas estão fechadas, cada qual dormindo no seu devido lugar, e os animais deverão estar no estábulo.

Em Roma, o luxo dos romanos ricos contrastava com a miséria dos romanos pobres. Esse abismo não diminuiu nos dois primeiros séculos do Império; pelo contrário, os ricos passaram a viver ainda melhor habitando palácios cercados por imensos jardins e situados sobre as colinas, possuindo móveis preciosos e sendo servidos por centenas de escravos. Os pobres continuaram a viver, como no passado, em habitações pequenas e sem conforto.

Entre os habitantes da cidade de Roma, havia centenas de milhares de trabalhadores, artesãos, empregados ou pequenos funcionários. Mas eles eram, em sua maioria, escravos ou libertos, originários das províncias ou estrangeiros.

O fato novo que caracterizou então a vida da plebe que vivia na cidade de Roma no tempo do Império foi a neutralização política (aquietação das insatisfações sociais, reivindicações e revoltas) dos pobres, por meio de subsídios alimentares e de diversões públicas. Os ricos, por sua vez, estavam privados das lutas políticas que haviam ocupado boa parte de seu tempo na época da República. No século II d.C., o Estado fornecia trigo gratuitamente, todos os dias, a quase 200 mil pessoas. Essa política ficou conhecida, como já vimos, como a do "pão e circo", em expressão cunhada pelo satirista latino Juvenal (50-130 d.C.) e servia basicamente para manter a população pobre da cidade sob controle, submissa. (Por isso, até hoje, quando se diz que determinados governantes ou meios de comunicação querem criar um povo alienado e acomodado com paliativos sem procurar de fato resolver seus problemas, fala-se em política de "pão e circo".)

A RELIGIÃO

A religião dos romanos era politeísta e antropomórfica com nítidas influências das crenças etrusca e grega. Ao dominar grande parte do mundo conhecido, os romanos entraram em contato com diversas religiões e tiveram por elas grande respeito. Algumas chegaram a erigir seus templos na própria cidade de Roma. O *Panteão*, ou conjunto de deuses, dos romanos chegou a incorporar alguns dos deuses gregos, com nomes trocados para outros latinos, mas com os mesmos atributos. Assim, os gregos Zeus, Afrodite e Ártemis foram identificados, respectivamente, como Júpiter, Vênus e Diana, por exemplo.

O Panteão é um templo circular monumental construído à época de Adriano, no segundo século d.C. O diâmetro do seu domo, de 43,5 metros, é maior do que o da Basílica de São Pedro, em Roma.

A flexibilidade religiosa dos romanos, o respeito a outras religiões e a facilidade de incorporá-las foram fatores importantes em sua capacidade de dominar povos tão variados e uma área geográfica tão grande.

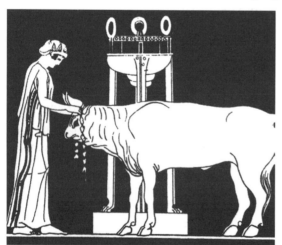

Os romanos expressavam sua devoção aos deuses com oferendas nos templos e, em santuários domésticos, aos deuses lares, embora fizessem, também, procissões, rezas e sacrifícios públicos.

Preparação do animal para o sacrifício religioso.

Durante o Império, a religião oficial ganhou o culto aos imperadores, uma espécie de religião cívica, que reverenciava os imperadores romanos que haviam sido declarados "santos", após a morte. Esse culto aglutinou, por muitas gerações, durante os três primeiros séculos d.C., as elites nas diversas áreas do Império. Em paralelo, difundiram-se diversos cultos de origem oriental e que se voltavam especialmente para mulheres, libertos e livres humildes em geral.

O Templo de Augusto e Lívia foi construído em torno do século I d.C., em uma cidade antiga chamada Vienna (hoje na região sudeste da França).

A "CIDADE ROMANA"

O mundo romano era um mundo de cidades que falavam latim, grego, mas muitas outras línguas, como o púnico, o céltico ou o aramaico, para mencionar apenas algumas delas. A cultura urbana podia encontrar-se bem longe, fisicamente, das ruas da cidade, em pleno campo, nas fazendas ou *uillae Rusticae*, pois nelas havia uma *pars Urbana*, uma parte urbana, suas paredes exibiam pinturas e seus pisos mosaicos com temas tipicamente citadinos, como as lutas de gladiadores. Mesmo quem vivia no campo tinha como referencial a cidade.

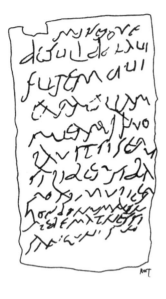

Os templos eram usados pelos fiéis de diversas formas. No templo de Súlis Minerva, em Bath, na Grã-Bretanha, foram encontrados diversos pedidos escritos de restituição de bens, como este bilhete que diz: "Para Minerva, a deusa Súlis, dou o ladrão que roubou meu casaco, seja livre ou escravo, homem ou mulher. Não reaverá esta doação a não ser com seu próprio sangue".

Para os romanos, assim como para os gregos, a cidade envolvia o campo e a parte urbana era seu centro. Compunha-se de *urbs*, cercada pelas muralhas, e *rus* ou *ager*, o campo. Esse recinto amuralhado, considerado sagrado, era o *pomerium*, onde estavam os vivos e os desarmados. Os mortos, como foi dito, deviam ser enterrados fora do *pomerium*, em geral em tumbas que ladeavam as estradas que davam acesso à *urbs*. Os soldados armados também deviam reunir-se fora, no *campus*, campo. Assim como na cidade grega, havia na romana a distinção entre a parte alta, destinada aos templos e, o plano, onde ficava o *forum*, ou mercado. No centro, deveria estar um templo, o fórum e outros edifícios públicos, como aquele em que eram feitas as reuniões do conselho municipal, chamado de *ordo decurionum*, ou ordem de decuriões.

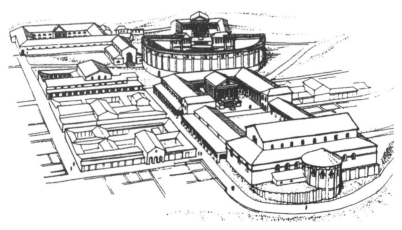

Reconstrução de uma cidade romana planejada típica, Augst (na atual Suíça).

Havia, ainda, outros equipamentos urbanos, como os teatros, descobertos e cobertos, para diferentes tipos de espetáculos, palestras ou treinamento e exercícios. Os anfiteatros foram uma criação romana. Os jogos de gladiadores, disputados, na sua origem, no fórum e depois em construções provisórias de madeira, levaram posteriormente à criação de um edifício ovalado, destinado a abrigar milhares de espectadores das disputas entre lutadores. Sua forma deriva da necessidade de permitir que o público pudesse assistir à luta de qualquer lugar, daí o nome que teve de início: *spectacula*, "local de onde se pode ver". Os eruditos latinos transpuseram esse nome latino popular para o grego e o chamaram *anfiteatro*, "local de onde se pode ver dos dois lados".

Vista interior do Coliseu, o mais famoso anfiteatro romano.

Alguns estudos recentes indicam que os jogos de gladiadores e os anfiteatros eram essenciais para definir a própria identidade romana: os jogos de gladiadores representariam o lugar onde a civilização e o barbarismo se encontravam, e *civilização*, como o próprio nome já diz, significava para os romanos *cidade*. Segundo o historiador contemporâneo Thomas Wiedemann:

132 GRÉCIA E ROMA

> A arena era o lugar onde a civilização confrontava a natureza, na forma de feras que representavam um perigo para a humanidade; e onde a justiça social confrontava a má ação, na forma de criminosos, ali executados; e onde o império romano confrontava seus inimigos, na pessoa dos cativos prisioneiros de guerra, mortos ou forçados a combaterem, entre si, até a morte.

Seguindo com Wiedemann, percebemos que daí, do espírito por trás das lutas de gladiadores, decorre a multiplicação de arenas nas cidades fronteiriças do Império Romano, sua localização próxima ao limite físico que separa o recinto urbano amuralhado do *ager*, e também sua presença no mundo de fala grega, como sinal de identidade romana. Uma das características marcantes dos jogos de gladiadores era a onipresença da morte e a cidade romana, como vimos, era a morada dos vivos, por oposição à morada dos mortos, o que aconselhava a construção do anfiteatro no limite do perímetro urbano, de modo que os mortos fossem logo evacuados para fora dos muros. Contudo, nem todos concordariam com essas interpretações do significado da cidade romana, pois, afinal, havia uma grande variedade de cidades, muitas delas sem anfiteatros ou lutas de gladiadores, por exemplo.

A CULTURA

Certas obras e autores chegaram a desvirtuar a imagem dos romanos e diminuir a importância de sua contribuição cultural. Isso é um grande equívoco. Mas, depois de tudo que vimos sobre a Grécia, sobraria algo criativo em termos culturais para os romanos? Ou seriam meros imitadores dos gregos? Bem, vamos por partes.

Direito

Vimos, anteriormente, que a criança que frequentava a escola aprendia a ler e escrever além de se aperfeiçoar na arte de falar em público, a oratória. A escrita era considerada essencial para que se pudesse ter acesso àquilo que as gerações anteriores haviam produzido. Os romanos foram sempre muito preocupados em tornar público, por meio de inscrições, tudo aquilo que se referia à vida em sociedade. Um bom exemplo foi a "Lei das Doze Tábuas", gravadas em tábuas de bronze, em 450 a.C., e afixadas na plataforma (*rostra*) em que os oradores falavam para o povo romano, diante do Senado. O fato de ser pública foi muito importante, pois, assim, todos eram capazes de saber exatamente o que se podia ou não fazer e quais as punições previstas para os desobedientes. Por muitos séculos, as crianças deviam copiar e decorar a "Lei das Doze Tábuas", tarefa difícil, mas que demonstra o valor atribuído pelos romanos ao conhecimento da lei. As crianças aprendiam, desde cedo, que "o direito conduz os que querem e arrasta os que não querem" (*ius uolentes ducit et nolentes trahit*). Toda a formação do jovem rapaz visava transformá-lo em um bom advogado, com suas duas características principais: ser um bom orador e conhecedor das leis. Para os romanos, era de suprema importância o que nós chamamos de "combinados": as regras. Apenas o respeito às normas permite que se siga outro ditado repetido pelos jovens nas escolas: "a justiça é a vontade constante e permanente de dar a cada um o que é seu".

Todos os homens de posses deveriam ter um bom conhecimento do Direito e a vida pública confundia-se com a prática da advocacia. Os romanos, com o passar do tempo, começaram a compilar leis, decretos, pareceres e decisões judiciais, a fim de permitir seu melhor conhecimento. Essas compilações, chamadas Códigos, acabaram se tornando a base do Direito de todo o mundo ocidental, de maneira que o Direito romano funda os sistemas jurídicos de países como a Itália e a França, além da África do Sul, da Escócia e do Brasil.

O Direito romano começou verdadeiramente a se organizar nos séculos I e II da nossa era, reunindo todas as leis e todos os textos que existiam em Roma em matéria de julgamentos, procurando fazer um levantamento das regras gerais. Essas tentativas de Roma para estabelecer uma *ciência jurídica* foram muito importantes, pois nenhum outro povo da Antiguidade fez com relação a isso nada comparável aos romanos.

Literatura

Além do Direito, as crianças aprendiam, nas escolas, a literatura. Os romanos demoraram alguns séculos para desenvolver o hábito de escrever e publicar livros. Quando começaram, já no século III a.C., foram influenciados pelos gregos, adotando ideias e formas surgidas na Grécia. Desenvolveram a poesia, épica, cômica, dramática, lírica, satírica e didática.

Os romanos utilizavam a poesia para transmitir o saber, aprendiam-se na escola versos didáticos que, por serem "cantados", acabavam por fazer as crianças decorarem a matéria. As fábulas de Fedro – um escravo trazido

134 GRÉCIA E ROMA

do Oriente que acabou sendo libertado por Augusto – são um bom exemplo: são histórias com animais que ilustram um pensamento ou uma lição moral. Cento e vinte e três fábulas suas chegaram até nós.

Na prosa, tinha lugar privilegiado a oratória, que registrava e publicava os discursos. O escritor latino mais famoso e considerado, o orador e advogado Cícero (106-43 a.C.), publicou muitos de seus discursos, 56 dos quais chegaram até nós. A influência de Cícero, como modelo de prosa a ser imitada, foi enorme nos séculos seguintes e seus textos continuaram sendo estudados pelas crianças nas escolas até a década de 1950. (Um autor que foi lido por ininterruptos dois mil anos!) Cícero cunhou frases que estão conosco até hoje (e são repetidas por pessoas cultas), como ao se referir a seu adversário, Catilina: "Até quando, Catilina, abusará de nossa paciência?". Falando da corrupção de alguns políticos de sua época, criou uma expressão ainda em uso: "Ó tempo! Ó costumes!". Cícero gostava também de tiradas engraçadas e algumas delas ficaram famosas, como quando, certa vez, lhe disseram que uma mulher afirmava ter 30 anos de idade, ao que ele comentou: "É verdade, faz 20 anos que ouço isso!". Aos 60 anos, casou-se com uma jovenzinha e, ao ser criticado, retrucou que ela "amanhã será uma mulher!".

Além da oratória, os romanos escreveram romances, livros de História, cartas, tratados sobre os mais variados temas, como filosofia, religião, arte.

Virgílio foi o grande poeta épico latino, tendo composto, no período do imperador Augusto (século I a.C.), a *Eneida*, um poema que contava as origens heroicas do povo romano, descendente dos troianos. Na mesma época, Tito Lívio escrevia uma monumental *História de Roma*, desde a fundação até Augusto. Em ambos os casos, as obras representavam bem os planos de Augusto para glorificar as origens e a história de expansão e domínio romano do mundo.

Você deve estar se perguntando: mas todo mundo era estudado? É difícil acreditar, não é mesmo? Mas a verdade é que não eram só as pessoas de posses que se preocupavam com a cultura. A grande massa da população romana, ainda que semianalfabeta, também gostava de escrever e, mesmo que não pudesse ter livros publicados, era possível escrever nas paredes. As paredes preservadas de Pompeia, cidade destruída pela erupção do Vesúvio em 79 d.C., trazem milhares de grafites populares, inscrições que tratam dos mais variados temas. Há poesias, desenhos, recados, trocas de impressões, até exercícios escolares podem ser lidos, 2.000 anos depois de terem sido escritos. A língua utilizada nas paredes não era a mesma que se usava na literatura ou na oratória, era mais simples e direta, cheia de "erros". Foi deste *latim vulgar* que veio o português que falamos, tanto em termos de vocabulário como na estrutura das frases.

O gosto popular pela risada também pode ser avaliado por um trecho da comédia de Plauto, *A comédia da panela*, um verdadeiro pastelão:

> Congrião (saindo correndo da casa de Euclião) – *Socorro, socorro! Cidadãos! Socorro! Saiam da frente, que deu a louca no velho! O miserável tá pensando que eu sou saco de pancada.* (Gemendo) *Aiaiai, nunca levei tanta porrada em minha vida! Ô velho filho da mãe.*
> Euclião – *Volte aqui, "seu" salafrário! Você não me escapa.*
> Congrião (empunhando a faca) – *Que bicho te mordeu, ô velho caduco?*
> Euclião (parando) – *Eu vou te denunciar aos triúnviros.*
> Congrião – *Por quê?*
> Euclião – *Porque você tem uma faca na mão.*
> Congrião – *E o que você poderia esperar de um cozinheiro?*

É engraçado, não? Esse humor simples, esse gosto pela palhaçada talvez explique um pouco da (má) fama dos romanos.

Atores cômicos representados em um mosaico de Pompeia.

136 GRÉCIA E ROMA

A presença da cultura grega na cultura romana

Voltemos, agora, aos gregos, pois eles e sua cultura foram muito importantes para os romanos a tal ponto que se diz que a Grécia, capturada pelos romanos, capturou-os culturalmente. O poeta latino Horácio (século I a.C.) (Ep. 2, 1, 156) compôs a famosa fórmula: *Graecia capta ferum uictorem cepit*, "a Grécia capturada conquistou o orgulhoso conquistador". Basta lembrar que os deuses gregos e suas histórias foram incorporados pelos romanos, tendo seus nomes traduzidos, como é o caso de Zeus (Júpiter), Afrodite (Vênus) ou Ares (Marte).

O sul da península itálica e a Sicília haviam sido colonizados pelos gregos, formando a Magna Grécia, e os romanos conviveram com os gregos por muitos séculos. As próprias histórias de Roma inseriam-se na mitologia grega, como mostra bem o caso da ligação entre a narrativa da Guerra de Troia e a da fundação de Roma, mencionadas anteriormente.

Como se pode interpretar essa relação entre gregos e romanos? Para responder a essa pergunta torna-se necessário, antes, considerar as relações entre culturas de povos diferentes. O nacionalismo do século XIX de nossa era forjou os Estados nacionais a partir de algumas noções que ainda estão conosco até hoje. Segundo o nacionalismo, uma nação compõe-se de um povo, um território e uma cultura. Até a Revolução Francesa, no final do século XVIII, a nação era um conceito ligado ao rei e não se baseava nesses três pontos. Duas nações anteriores ao século XIX mostram isso: a Espanha e o Sacro Império Austro-Húngaro. Em ambos os casos, havia muitos povos, em territórios descontínuos e de limites em constante movimento e com línguas, usos e costumes variados. Já a França pós-revolucionária encarna o melhor exemplo do novo Estado nacional. Enquanto a França monárquica era também composta de diversos povos, com várias línguas, usos, costumes e territórios, a nação francesa moderna impõe a homogeneidade de uma língua, o francês, um povo, o povo francês, e um território delimitado. O que interessa aqui é que esse conceito de nação e, consequentemente, cultura nacional, implica homogeneidade. A partir desse nacionalismo, considerou-se que, no passado, haveria também nações homogêneas como deveriam ser os modernos Estados nacionais. Nos últimos anos, contudo, tem-se notado que a homogeneidade apregoada pelo nacionalismo não corresponde às realidades presentes e, menos ainda, àquelas do passado.

É nesse contexto que se pode compreender a interpretação que a historiografia tradicional nacionalista deu à relação entre gregos e romanos na Antiguidade: quando duas culturas se encontram, aquela que é superior acaba por se impor à outra; isso é o que explicaria a europeização do mundo e justificaria a chamada ação civilizadora das potências ocidentais. Transpondo-se esse esquema para a Antiguidade, a superioridade cultural grega teria gerado a helenização dos romanos, ou seja, teria levado à adoção de costumes, valores e ideais gregos. Nos últimos anos, contudo, os historiadores têm questionado essa visão e privilegiado a noção de *cultura heterogênea* e em constante fluidez. Nessa nova perspectiva, a presença de elementos gregos no mundo romano adquire sentido em sua específica reelaboração pelos romanos, eles mesmos uma grande cultura de síntese, sempre capaz de absorver e transformar as outras culturas. Os romanos da elite aprendiam o grego, falavam e escreviam-no com perfeição, colecionavam obras de arte gregas, mas nunca se confundiram com os gregos. Lembremo-nos do ditado romano já citado: *timeo danaos, et dona ferentes*, "cuidado com os gregos!". Tanto mais distância tomavam os plebeus, como se pode notar nas constantes brincadeiras feitas com os gregos em comédias populares.

Os não romanos entre os romanos

Quem não conhece Asterix, Obelix e sua turma de gauleses que combatem os romanos nas famosas histórias em quadrinhos francesas traduzidas em inúmeros países? Quem não conhece Jesus e os apóstolos, também da época dos antigos romanos? Eram romanos ou não eram? Bem, não é tão simples responder a essa questão. É necessário voltar para o assunto da formação do mundo romano.

Os romanos conquistaram primeiro a Itália e, depois, toda a bacia do Mediterrâneo e, pouco a pouco, povos e mais povos foram sendo incorporados ao mundo romano. Ainda que esses outros povos fossem sendo considerados parte de Roma e que, até mesmo, a cidadania fosse concedida a indivíduos ou grupos inteiros, sempre foram muitos os não romanos. Dentre eles, os mais numerosos eram os escravos, muitas vezes provenientes dos lugares mais distantes de Roma. Ao se tornarem escravos deviam aprender a língua, os usos e os costumes dos romanos, mas não deixavam de continuar com muitas de suas crenças e valores originais. Talvez o mais famoso exemplo

138 GRÉCIA E ROMA

seja o de Espártaco, homem nascido na Trácia, na Europa Oriental. Serviu no exército romano, desertou e tornou-se líder de uma quadrilha. Tendo sido preso, foi vendido como escravo para um treinador de gladiadores. E, em 73 a.C., em Cápua, convenceu outros gladiadores a fugirem. A revolta espalhou-se e 90 mil escravos juntaram-se a eles, sob comando de Espártaco, derrotando os dois cônsules, em 72 a.C. Mas no ano seguinte, foram, finalmente, vencidos. Houve muitas outras revoltas e fugas, mas nenhuma tão grande quanto essa. (A referência à Revolta de Espártaco ultrapassa sua época, pois seu nome foi usado para designar movimentos de resistência e revoltas contra variadas formas de opressão ao longo da história, inclusive no século XX, como no Movimento Espartaquista, na Alemanha, em 1917.)

Quando os romanos conquistaram os gregos, no século II a.C., encontraram uma civilização que acharam grandiosa. Passaram a estudar a língua e a literatura gregas, a conhecer a Filosofia, a importar obras de arte e professores gregos. Os romanos de posses passaram a conhecer o grego até melhor do que o latim (como hoje em dia, quando alguns consideram o inglês mais importante que o português). Os gregos, mesmo conquistados pelos romanos, não se preocupavam em aprender o latim de seus dominadores e, ao contrário, os romanos passaram a usar o grego em tudo o que se publicava no mundo de fala grega. A oriente da Macedônia, passando pelo Peloponeso, Ásia Menor, Síria, Palestina e Egito, os romanos conviviam com o grego como língua oficial romana. Os gregos passaram, com o tempo, a se considerar romanos, mas nunca deixaram de ser também gregos, com língua e costumes próprios.

A maioria dos povos conquistados, contudo, não era assim tão respeitada pelos romanos. Os povos podiam continuar a usar suas línguas e praticar seus costumes, mas apenas o latim era aceito como veículo de comunicação oficial. Durante muitos séculos, várias línguas – como o etrusco e o osco, na Itália; o celta, na Gália; o púnico, na África; o egípcio, no Egito; ou o aramaico, na Palestina – foram utilizadas pelo povo dessas regiões. Jesus e seus discípulos, por exemplo, falavam aramaico e a religião que praticavam nada tinha a ver com a dos romanos. Os evangelhos que tratam da vida de Jesus foram escritos em grego, mas Jesus não pregava nem em grego, nem em latim. A única frase que conhecemos de Jesus em sua língua original é aquela que disse na cruz antes de morrer: *eloi, eloi, lamma sabacthani?* "Meu Deus, meu Deus, por que me abandonaste?" (Marcos 15,34). Outro exemplo: Pau-

ROMA **139**

lo, um rabino judeu de Tarso e que falava o grego, era cidadão romano, como se lê numa passagem do Novo Testamento, da Bíblia; quando um tribuno foi prendê-lo, ele disse: "*É-vos lícito açoitar um romano, sem ser condenado?*" E, ouvindo isso, o centurião foi e anunciou ao tribuno, dizendo: "*vê o que vais fazer, porque este homem é romano.*" Vindo o tribuno, disse-lhe: "*dize-me, és tu romano?*" E ele falou: "*Sim.*" Respondeu o tribuno: "*Eu, com grande soma de dinheiro, alcancei este direito de cidadania.*" Paulo disse: "*Mas eu sou-o de nascimento.*" Essa passagem permite notar, ainda, pela fala do tribuno, que o destaque econômico permitia que se alcançasse a cidadania romana, pela política, já aludida, de inclusão das elites locais ao mundo romano oficial.

Os gauleses conquistados tampouco falavam o latim. Com o passar do tempo, o mundo romano foi sendo transformado e os diferentes povos foram se misturando, os costumes se mesclando, em alguns lugares mais do que em outros. Eram muitos costumes, em constante interação.

TRANSFORMAÇÕES NO MUNDO ROMANO

A cidade de Roma, surgida tão pequenina, cresceu por tantos séculos, dominando cada vez mais áreas, até atingir sua maior extensão no segundo século d.C. Um historiador dessa época, Floro (século II d.C.), descreve a história de Roma, comparando-a à vida de uma pessoa (*História romana*, introdução):

> Se se considera o povo romano como um homem e se se percorre toda a sua existência, teremos quatro momentos: seus inícios, sua adolescência, sua maturidade e, por fim, sua velhice. Sua primeira idade passou-se sob os reis e compreende cerca de duzentos e cinquenta anos, durante os quais se lutou, ao redor da cidade, contra seus vizinhos; esta foi sua infância. O segundo período, do consulado de Brutus e de Colatino ao consulado de Ápio Cláudio e Quinto Fúlvio, durou duzentos e cinquenta anos, durante os quais se submeteu a Itália. Foi a época mais fértil em heróis e combates, sua adolescência. Depois, até César Augusto, em duzentos anos pacificou-se todo o mundo. Foi a idade adulta, de robusta maturidade. De César Augusto a nosso tempo, em menos de 200 anos, a inércia dos Césares trouxe a decadência da velhice.

140 GRÉCIA E ROMA

A História nunca acaba, as civilizações vão se modificando sempre, aos poucos, até ficarem tão diferentes que mudam seu próprio nome. Os costumes se transformam e se pode dizer que surge uma nova sociedade. Como isso ocorreu na Antiguidade, eis o que veremos. O fator principal de mudanças foi o surgimento e a expansão do cristianismo.

O cristianismo

Onde e como surgiu o cristianismo? Desde a conquista de Alexandre, o Grande, toda a Palestina fazia parte da área de influência grega e muitos judeus que viviam fora da Palestina, em importantes comunidades judaicas dispersas, passaram a falar o grego. Sob domínio romano, que conquistou a região em 63 a.C., viviam na Palestina muitos povos: judeus, samaritanos, gregos, romanos. Entre os judeus, havia diversos grupos, com ideias diferentes sobre sua própria religião e sobre como relacionar-se com os conquistadores. Foi nesse contexto que nasceu Jesus, um judeu humilde, de quem sabemos praticamente apenas o que nos dizem os Evangelhos, livros escritos por volta de 70 d.C. pelos seguidores de Jesus, os quais, posteriormente, foram agrupados com outros textos no chamado Novo Testamento. Pouco se sabe de sua vida antes que ele começasse a pregar suas ideias religiosas em aramaico, uma língua próxima do hebraico (e, ao que se sabe, Jesus nunca se expressou em grego). Nos primeiros anos, os seguidores de Jesus eram somente judeus pobres e humildes, como o pescador Simão, chamado de Pedro ("Rocha"). No tempo de suas pregações, por volta do ano 30 d.C., Jesus conquistou alguns seguidores entre os judeus, mas grande parte deles não se converteu acreditando que não seria ele o Messias que seu povo tanto esperava.

Jesus foi condenado à morte na cruz pelos romanos, acusado de dizer-se o rei dos judeus, em 30 d.C. Logo em seguida à sua morte, seus seguidores, chamados de "pobres", formaram uma comunidade de gente humilde que se reunia em memória de Jesus, que passou então a ser conhecido entre os que nele acreditavam como *Cristo* ("ungido" do Senhor), o salvador que os judeus esperavam e que teria morrido na cruz para salvar todos os justos. Os cristãos acreditavam na existência de um único Deus universal, e que Jesus era o Messias que trazia aos homens não riqueza e independência, mas o perdão de seus pecados e a promessa da felicidade eterna após a morte para aqueles que a merecessem.

Os apóstolos, seguidores que haviam conhecido Jesus, começaram a pregar espalhando a crença na vinda ao mundo de um salvador, uma Boa-Nova (Evangelho, em grego), e iniciaram a conversão de outros judeus, em particular, os que falavam o grego, pois estes estavam mais distantes dos anseios de independência política dos judeus da Palestina e mais abertos às influências de novas crenças. O caso mais notável foi o de um judeu da seita dos fariseus, Saul, da cidade de Tarso, bem versado na cultura grega. Menos de sete anos após a morte de Jesus, Saul, embora não o tivesse conhecido, converteu-se ao cristianismo que havia anteriormente combatido e tornou-se seu grande pregador, com o nome romano de Paulo.

O cristianismo começou a expandir-se para além dos "pobres" que compunham a comunidade de Jerusalém, e Paulo iniciou a pregação do Evangelho para todos os homens, não apenas para os judeus, como tinha sido nos primeiros anos após a morte de Jesus. Paulo distinguia os ensinamentos de Cristo da religião tradicional dos judeus, defendendo uma doutrina distinta da dos israelitas. Por mais de 20 anos, Paulo viajou e pregou, pelo Mediterrâneo Oriental, até ser preso em 58 d.C. Como Paulo tinha a cidadania romana, em 60 d.C. pediu para ser julgado em Roma. Em 64 d.C., ocorreram as primeiras perseguições aos cristãos, tendo Pedro e Paulo sido martirizados em Roma por essa época.

O cristianismo não teve êxito duradouro na Palestina, mas se expandiu muito rápido em todas as regiões que margeavam o Mediterrâneo, no mundo romano. O próprio Paulo chegou a pregar na Síria, na Ásia Menor, na Grécia e na cidade de Roma. Além dos judeus convertidos, engrossavam as fileiras da nova seita não judeus, escravos, povos submetidos pelos romanos, gente humilde.

Por que essas pessoas se convertiam ao cristianismo? Para os pobres, que constituíam a grande maioria desses primeiros cristãos, a nova religião dava a esperança de uma vida melhor. Eles acreditavam que Jesus voltaria e instauraria o Reino de Deus na terra, destruindo o anticristo, o imperador romano. Ou seja, era uma religião de explorados que acreditavam numa revolução, num mundo de justiça, o paraíso na terra.

Assim, quando o primeiro Evangelho, de Marcos, foi escrito, lá por 70 d.C., o cristianismo havia deixado de ser uma pequena seita e já conquistava adeptos e seguidores em toda a parte do mundo romano. Esse crescimento do cristianismo foi impressionante, pois em apenas 40 anos a nova religião congregava adeptos não apenas judeus, como também gregos e romanos.

Os mais antigos documentos escritos pelos cristãos, depois dos textos do Novo Testamento, datam do final do primeiro século d.C. Na "doutrina dos 12 apóstolos", as primeiras palavras são:

> Há dois caminhos, um da vida e outro da morte, mas muito os separa. O caminho da vida é este: em primeiro lugar, amar a Deus, que te criou, depois, amar ao próximo como a ti mesmo; na verdade, tudo que não desejares que seja feito contigo, tampouco faze aos outros.

Princípios como esses criaram uma grande solidariedade entre os primeiros cristãos e levaram à expansão do cristianismo, principalmente entre as classes baixas. A pregação do cristianismo, com seu destaque para a salvação e para a ressurreição da alma, explica seu êxito.

A tolerância que os romanos tiveram para com diversas religiões do mundo por eles conquistadas não existiu, entretanto, no que diz respeito à religião cristã. Os motivos da intensa perseguição sofrida pelos cristãos no período imperial não são somente de caráter religioso, mas principalmente político. Os cristãos realizavam seus cultos secretamente, viviam em pequenos grupos e foram, nos primeiros tempos, tomados por bruxos e feiticeiros, na medida em que recusavam mostrar respeito pelos deuses romanos. Além disso, os cristãos, monoteístas, não reconheciam a divindade do imperador nem aceitavam o culto a ele e ao Estado, sendo, por isso, considerados uma ameaça à segurança do Estado romano.

Símbolos do cristianismo primitivo.

Durante mais de dois séculos houve perseguições aos cristãos, pois o Estado romano via na sua recusa ao culto aos deuses e ao imperador um desafio à ordem. Para a maioria dos romanos que não tinham se convertido, os cristãos eram apresentados como uma ameaça nociva, pois se recusavam a honrar os deuses e os imperadores. As execuções públicas dos cristãos, martirizados em espetáculos nos quais eram crucificados ou jogados às feras famintas para serem devorados, eram vistas e apreciadas por muita gente.

A partir do século III, o Império Romano ingressou num período dramático de crise interna, com guerras civis duradouras, entre 230 e 260 d.C. A era das conquistas chegara ao fim e houve mesmo uma diminuição do território dominado. Assim, o abastecimento de escravos ficou comprometido, desorganizando a economia com dramáticas consequências sociais e políticas.

As razões dessa crise ainda consomem muito tempo de pesquisa e reflexão dos historiadores, provocando até hoje debates entre as diversas interpretações do fenômeno. Por ora, basta dizer que foi justamente nessa época que o cristianismo consolidou-se como uma religião importante e com um grande número de adeptos por todo o Império. Muitos romanos, assustados com as consequências da crise, procuraram consolo nas crenças religiosas. A religião oficial já não lhes propiciava paz de espírito e foram, portanto, procurar certezas e tranquilidades em outras religiões, rompendo com as tradições romanas. O cristianismo era uma das opções e atraiu muita gente, dando esperanças.

Além dos pobres e escravizados, o cristianismo começou a ter adeptos também entre as classes altas do mundo romano, a começar pela conversão das mulheres de elite, marginalizadas nas religiões tradicionais, mas encontrando espaço na nova religião.

A esperança da instauração do paraíso na terra, que havia caracterizado a primeira geração de cristãos, foi sendo substituída pela noção de recompensa em uma vida pós-morte. Foi isso que tornou o cristianismo atrativo para as mais diversas classes sociais, pois, ao sofrimento e às incertezas no presente, o cristianismo contrapunha a esperança e o consolo de uma vida feliz e eterna no além.

144 GRÉCIA E ROMA

Num primeiro momento, esses progressos alarmaram os imperadores romanos que intensificaram as perseguições contra os cristãos, desde as primeiras campanhas, já na época de Nero (século I a.C.), até o início do século IV d.C. Entretanto, mais tarde, os governantes consideraram uma boa estratégia não se oporem aos cristãos e, mais, aliarem-se a eles para se manterem no poder. Assim, o imperador Constantino concedeu aos cristãos, por meio do chamado "Edito de Milão", em 313 d.C., liberdade de culto. Em seguida, esse mesmo imperador procurou tirar vantagem e interveio nas questões internas que dividiam os próprios cristãos e convocou um concílio, uma assembleia da qual participaram os principais padres cristãos. No concílio, foram discutidas as diretrizes básicas da doutrina cristã. Depois, Constantino cuidou pessoalmente para que as determinações do concílio fossem respeitadas, ou seja, passou a ter um controle muito maior dos cristãos e suas ideias. Antes de morrer, o imperador resolveu batizar-se também.

Quando o imperador romano Constantino, no século IV d.C., converteu-se ao cristianismo, já havia cristãos em quase todo o mundo romano, ainda que fossem uma minoria. Os cristãos já possuíam uma organização, a Igreja Cristã, com uma estrutura hierárquica bem definida. Particular destaque na Igreja tinham os bispos, que controlavam a vida espiritual dos fiéis em suas áreas de atuação, o que faziam tanto por meio de pregações, como pela ação dos sacerdotes. Constantino pôde contar com essa estrutura para firmar-se no poder. Por isso, a conversão do imperador logo implicou que o Império Romano passasse a ser chamado de Império Romano Cristão. Depois dele, todos os imperadores que o sucederam, com exceção de apenas um, diziam-se cristãos. Na segunda metade do século IV, a maioria dos cidadãos em quase todo o mundo romano era já formada por cristãos.

A vitória total do cristianismo deu-se na época do imperador Teodósio, no final do século IV, que concedeu aos cristãos numerosos privilégios: escolhia entre eles os principais dignitários do Império; confiava aos bispos uma parte da administração das cidades; e perseguia implacavelmente os *pagãos*, palavra que passou a designar pejorativamente os que acreditavam na antiga religião, que continuou a ser praticada apenas nas áreas rurais mais remotas.

Enfim, o cristianismo passou de religião do imperador para religião oficial, primeiro convivendo com o culto aos deuses e, depois, proibindo de vez o *paganismo*. O cristianismo espontâneo dos primeiros tempos tornou-se o "cristianismo administrado" pelos poderosos. A comunidade de "pobres" dos primeiros anos havia se transformado em uma "Igreja" (assembleia, em grego) com uma estrutura hierárquica centrada nos bispos, agora no centro do poder político. Quando o Império Romano tornou-se oficialmente cristão, Igreja e Estado começaram a confundir-se. Surgido entre os pobres, o cristianismo passou a ser o alicerce do Estado romano – uma mudança radical na civilização romana ocorrida em menos de três séculos.

Quando o cristianismo se tornou a religião do Estado, o culto aos antigos deuses começou a ser combatido, ainda que persistisse, por muitos séculos. Não foi combatido à toa, mas porque o cristianismo tornou-se uma religião de Estado e os que não o aceitassem estariam, de certo modo, desafiando o poder. Nos lugares mais distantes, no campo, o cristianismo demorou a firmar-se, daí que aqueles que cultuavam deuses tenham sido chamados de "pagãos", os habitantes das aldeias.

O cristianismo foi, assim, fundamental para a mudança da sociedade, e o fim do mundo antigo liga-se, diretamente, à sua transformação em religião oficial.

A ANTIGUIDADE TARDIA

A partir de 235 até 284, o Império Romano foi dilacerado por conflitos armados. As partes urbanas das cidades foram amuralhadas, com a diminuição da área e da população urbanas. Quando retorna certa estabilidade, com o imperador Diocleciano (284-305), há uma reorganização administrativa do Império, com a criação de novas e menores unidades administrativas e a divisão do poder entre quatro imperadores (293). A tetrarquia dividia o poder entre dois Augustos, um no Ocidente e outro no Oriente, secundados por um César em cada setor.

Como vimos, Constantino liberou o culto cristão com o "Edito de Milão" (313). Ele também fundou Constantinopla no Oriente (330), reforçando a divisão entre as duas partes do Império. Em meados do século IV, as *duas partes* do Império Romano eram formadas por dois "mundos" um tanto distintos, com suas respectivas capitais. A divisão definitiva do Império *em dois Estados* ocorreu em 395.

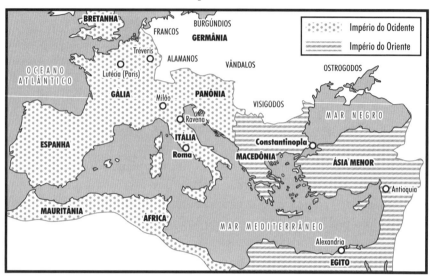

O Império em 395

Enquanto o Império Romano do Oriente (Bizâncio, até 1453), com sua capital Constantinopla, conseguiu sobreviver por mais de mil anos, no Ocidente, Roma foi saqueada pelos "bárbaros" visigodos em 410. Nessa mesma época, a maioria das províncias ocidentais passou às mãos de invasores germanos. Em 476, o último imperador romano ocidental, Rômulo Augusto, pôs fim ao Império no Ocidente. A partir daí, o Império Romano, no Ocidente, passou a ser um momento de glória no passado, que muitos tentaram restaurar, inclusive com esse nome, como no caso de Carlos Magno, coroado imperador romano em 800 d.C., ou no posterior Sacro Império Romano (962-1806). De fato, eram *outros* impérios, mas buscavam legitimação fazendo referência ao antigo Império Romano.

*

Apesar das grandes diferenças existentes entre o Ocidente, governado pelos germanos, e o Oriente, grego sob o domínio romano, houve também continuidades. Até ao menos a expansão do islamismo, no século VII, a cultura antiga, agora já como parte da nova ordem cristã, persistiu, assim como os contatos comerciais entre essas duas grandes regiões. O latim continuou como língua de comunicação. Por outro lado, a adoção do cristianismo como religião pelo Estado romano criara condições para o desenvolvimento de um modo de pensar e de viver que diferia em muitos pontos dos princípios da cultura greco-latina, que reconhecia a diversidade e a existência de inúmeros deuses, o que não era mais possível no mundo do cristianismo de Estado.

Os estudiosos que enfatizaram não apenas as rupturas, mas também as continuidades difundiram o conceito de *Antiguidade tardia*. Ainda que seja difícil determinar início e fim desse período, muitos propõem que, até o advento de Carlos Magno (747-814), perseveraram na Europa características do mundo antigo. Para eles, a coroação de Carlos Magno como sacro imperador romano no Natal do ano 800 já representa outra situação, marca o início de outra era, outro período histórico. Mas podemos perguntar: quando deixamos mesmo a Grécia e a Roma antigas, se, de muitos modos, elas estão conosco até hoje?!

Sugestões de leitura

Há muitos livros voltados para o mundo antigo, em português, diversos deles escritos por autores brasileiros. Apresento aqui, de forma separada, obras e textos traduzidos de autores antigos e obras de autores modernos.

AUTORES ANTIGOS

Aquati, Cláudio. *Satyricon de Petrônio*. São Paulo: Cosac Naif, 2008.
Fontes, Joaquim Brazil. *Variações sobre a lírica de Safo*: texto grego e variações livres. São Paulo: Estação Liberdade, 1992.
Leminsky, Paulo. *Satyricon de Petrônio*. São Paulo: Brasiliense, 1985.
Oliva Neto, João Angelo. *O livro de Catulo*. São Paulo: Edusp, 1996.
_____. *Falo no jardim*: priapeia grega, priapeia latina. Cotia: Ateliê Editorial, 2006.
Torrano, Jaa. *Bacas, de Eurípedes, original grego e tradução*. São Paulo: Hucitec, 1995.
Vieira, Trajano. *Édipo rei*. São Paulo: Perspectiva, 2001.

COLETÂNEAS DE DOCUMENTOS ANTIGOS

Funari, Pedro Paulo. *Antiguidade clássica, história e cultura a partir dos documentos*. Campinas: Editora da Unicamp, 2002.
Pinsky, Jaime (org.) *100 textos de História Antiga*. São Paulo: Contexto, 2015.

150 GRÉCIA E ROMA

AUTORES MODERNOS

ANDRÈ, Carlos Ascenso. *Amores e arte de amar*. São Paulo: Companhia das Letras, 2011.

CANFORA, Luciano. *A democracia*: história de uma ideologia. Lisboa: Edições 70, 2007.

CARLAN, C. U. et al (orgs.) *História militar no mundo antigo*. 2 v. São Paulo: Annablume, 2012.

_____; FUNARI, P. P. A.; FUNARI, R. S. (orgs.) *O cinema e o mundo antigo*. São Paulo: Novas Edições Acadêmicas, 2015.

CARVALHO, Margarida Maria. *Paideia de retórica no século IV d.C.*: a construção da imagem do imperador Juliano segundo Gregório Nazianzeno. São Paulo: Annablume, 2010.

CHEVITARESE, André Leonardo. *Cristianismos*: questões e debates metodológicos. Rio de Janeiro: Kliné, 2016.

_____; FUNARI, Pedro Paulo A. *Jesus histórico*: uma brevíssima introdução. Rio de Janeiro: Kliné, 2012.

FEITOSA, Lourdes Conde. *Amor e sexualidade*: o masculino e o feminino nos grafites de Pompeia. São Paulo: Annablume, 2008.

_____; SILVA, Glaydson José; FUNARI, Pedro Paulo A. *Amor, desejo e poder na Antiguidade*. São Paulo: Editora da Unifesp, 2015.

FINLEY, Moses. *Escravidão antiga e ideologia moderna*. Rio de Janeiro: Graal, 1991.

FOUCAULT, Michel. *História da sexualidade*. Rio de Janeiro: Graal, 1985.

FUNARI, Pedro Paulo A. Fontes arqueológicas. Os historiadores e a cultura material. In: PINSKY, Carla (org.) *Fontes históricas*. São Paulo: Contexto, 2005, pp. 81-110.

_____. "A cidadania entre os romanos". In: PINSKY, Jaime; PINSKY, Carla (orgs.) *História da cidadania*. São Paulo: Contexto, 2003, pp. 49-79.

_____; CARLAN, Cláudio Umpierre. *Antiguidade tardia e o fim do Império Romano no Ocidente*. São Paulo: Fonte Editorial, 2016.

_____; _____; RAMALHO, Jefferson. *Constantino e o cristianismo na Antiguidade tardia*. São Paulo: Fonte Editorial, 2016.

_____; GARRAFFONI, Renata Senna. *Historiografia*: Salústio, Tito Lívio e Tácito. Campinas: Editora da Unicamp, 2016.

GARRAFFONI, Renata Senna. *Gladiadores na Roma antiga*: dos combates às paixões cotidianas. São Paulo: Annablume, 2005.

GRILLO, José Geraldo Costa; FUNARI, Pedro Paulo A. *Arqueologia clássica*: o quotidiano de gregos e romanos. Curitiba: Prismas, 2015.

GUARINELLO, Norberto Luiz. *História antiga*. São Paulo: Contexto, 2013.

HINGLEY, Richard. *Imperialismo romano*: novas perspectivas a partir da Bretanha. Org. Pedro Funari, Renata Garraffoni e Renato Pinto. São Paulo: Annablume, 2010.

MOSSÉ, Claude. *Alexandre, o Grande*: o destino de um mito. São Paulo: Estação Liberdade, 2004.

OMENA, Luciane Munhoz. *Pequenos poderes na Roma imperial*: os setores subalternos na ótica de Sêneca. Vitória: Editora Flor & Cultura, 2009.

PINTO, Renato. *Duas rainhas, um príncipe e um eunuco*: masculino e feminino nos estudos sobre a Bretanha romana. São Paulo: Annablume Clássica, 2016.

SILVA, Glaydson José. *História antiga e usos do passado*: um estudo de apropriações da Antiguidade sob o regime de Vichy (1940-1944). São Paulo: Annablume, 2007.

VEYNE, Paul. *Quando o nosso mundo se tornou cristão*. Rio de Janeiro: Civilização Brasileira, 2010.

Linha do tempo

GRÉCIA		
Período pré-histórico e proto-histórico	**3000 a.C.** • Civilização das Ilhas Cíclades • Idade do Bronze	
	2000 a.C. • Civilização palaciana cretense	
Período creto-micênico	**1500 a.C.** • Civilização micênica • Queda de Cnossos • Uso de escrita linear A e B	
Séculos obscuros	**1000 a.C.** • Queda dos micênicos • Introdução do ferro, vindo do Oriente • Introdução do alfabeto de origem fenícia • "Idade das Trevas"	
	800 a.C. • Aumento da população da Grécia • Surgimento das cidades • Expansão colonial grega para Oriente e Ocidente • Tiranias • Alfabeto grego • Homero e Hesíodo	

152 GRÉCIA E ROMA

Período arcaico	**600 a.C.** • Início da cunhagem de moedas • Início da democracia em Atenas • Peloponeso controlado pelos esparciatas • Princípio dos gêneros tragédia e comédia
Período clássico	**500 a.C.** • Invasões persas • Atenas democrática domina a Liga de Delos • Era de Péricles: Parthenon de Atenas construído (447-432) • Guerras do Peloponeso • Grandes autores gregos: Heródoto, Tucídides, Eurípedes
	400 a.C. • Ascensão da Macedônia • Filosofia em seu auge: Sócrates, Platão e Aristóteles • Campanhas de Alexandre, o Grande • Início do período helenístico em 330 com os reinos herdados de Alexandre
Período helenístico	**200 a.C.** • Guerras macedônicas • Macedônia passa a ser uma província romana • Incorporação da Grécia ao Império Romano (146) • Grécia mantém-se como centro cultural do Mediterrâneo antigo

LINHA DO TEMPO 153

ROMA	
Monarquia	**800 a.C.** • Fundação mitológica de Roma em 753 • Realeza
	600 a.C. • Domínio etrusco • Início tradicional da República, com a expulsão da realeza etrusca, em 509 • Roma domina o Lácio
República	**500 a.C.** • Domínio dos patrícios • Lutas na Itália central • "Lei das Doze Tábuas" (450)
	400 a.C. • Roma saqueada pelos gauleses • Direitos estendidos aos plebeus • Expansão romana na Itália • Tratado de Roma com Cartago (348)
	300 a.C. • Guerra com os cartaginenses • Primeiros autores latinos
	200 a.C. • Expansão romana fora da Itália • Tribunatos de Tibério e Caio Graco e crise agrária • Mário rompe as tradições: cônsul sete vezes, passa a aceitar proletários no exército romano
	100 a.C. • Guerra social (91-89) entre romanos e itálicos • Guerra civil e Sila ditador (83-2) • César conquista a Gália, torna-se ditador e é assassinado (44) • Augusto torna-se o primeiro imperador (31)

154 GRÉCIA E ROMA

	• Auge da literatura latina: Cícero, Catulo, Tito Lívio, Ovídio
Principado ou Alto Império	**Era Cristã** • Principado e as dinastias Júlio-claudiana e Flávio-trajana • Erupção do Vesúvio e destruição de Pompeia (79) • Construção do Coliseu (79) • "Pax Romana"
	100 d.C. • Auge das cidades e do comércio antigo • Revoltas judaicas na Palestina • Perseguições aos cristãos
Dominado ou Baixo Império	**200 d.C.** • Extensão da cidadania romana a todos os habitantes livres do Império (212) • Início de um regime mais abertamente monárquico, o Dominado • "Crise do Século III": guerras civis (235-284) • Grandes juristas consolidam a legislação romana: Ulpiano, Papiniano
	300 d.C. • Perseguição aos cristãos, seguida da liberdade de culto (313) • Constantino, primeiro imperador cristão (324-337) • Cristianismo religião oficial e perseguição aos outros cultos (382) • Divisão do Império entre Ocidente e Oriente (395)
	400 d.C. • Saque de Roma (410) • Último imperador romano no Ocidente (476)

Agradecimentos

Agradeço a Carla Bassanezi Pinsky, Cláudio Aquati, Cláudio Umpierre Carlan, Margarida Maria de Carvalho, André Leonardo Chevitarese, Lourdes Conde Feitosa, Raquel dos Santos Funari, Renata Senna Garraffoni, José Geraldo Costa Grillo, Richard Hingley, João Angelo Oliva Neto, Luciane Munhoz de Omena, Jaime Pinsky, Renato Pinto, Jefferson Ramalho, Victor Revilla, Haiganuch Sarian, Alain Schnapp, Glaydson José da Silva e Ellen Meiksins Wood.

Leia também

HISTÓRIA NA SALA DE AULA

Leandro Karnal (org.)

Esta obra é, antes de tudo, uma declaração de amor ao ofício de ensinar História. Catorze profissionais reconhecidos da área unem suas experiências e concepções em um livro que lança novas luzes sobre o trabalho do professor, tanto do Ensino Fundamental quanto do Ensino Médio. E, ao contrário de outras obras do gênero, o livro não fica apenas na discussão de teorias: a partir delas, questiona certas práticas de sala de aula e propõe outras, mais eficazes para despertar o interesse dos alunos pela matéria e mais compatíveis com a responsabilidade social do historiador. O livro é, também, um libelo em defesa das aulas de História, que, em tempos de informação instantânea e alta competitividade profissional, corre o risco de perder espaço para disciplinas tidas como mais práticas e úteis na preparação do estudante para o mercado de trabalho. Não podemos abrir mão de apresentar nossos jovens ao patrimônio cultural da humanidade. E qual é o papel do professor senão estabelecer uma articulação entre o patrimônio cultural da humanidade e o universo cultural do aluno?

Cadastre-se no site da Contexto
e fique por dentro dos nossos lançamentos e eventos.
www.editoracontexto.com.br

Formação de Professores | Educação
História | Ciências Humanas
Língua Portuguesa | Linguística
Geografia
Comunicação
Turismo
Economia
Geral

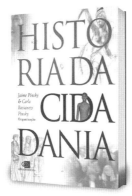

Faça parte de nossa rede.
www.editoracontexto.com.br/redes

Promovendo a Circulação do Saber

GRÁFICA PAYM
Tel. [11] 4392-3344
paym@graficapaym.com.br